ヤメ銀

銀行を飛び出すバンカー

秋場大輔

文春新書

1448

はじめに

一九八九年十二月二十九日、日経平均株価は終値で三万八千九百十五円八十七銭と当時の史上最高値を付けた。年が明けて株価は急落したが、世間のほとんどが株価の調整は一過性のものと考え、資産効果に酔いしれた。筆者が大学を卒業して就職したのは九〇年四月。世間がバブルを謳歌していた真っ最中だった。

三十年以上前の狂乱は今でも仲間うちの会話で話題になる。あの頃の人の浮かれた映像をテレビで観ることもたまにある。そのさなかに社会人になったのだから、筆者は正真正銘の「バブル世代」である。もっとも当時の嘘のような本当の話や映像を観たり聞いたりしても、どうも他人事に思えてしまう自分がいるのも事実だ。

確かに街で「ボディコン」（もはや死語だが、ボディラインを強調したワンピース）を着た女性が通り過ぎると振り返って凝視した記憶はある。しかし臆病が災いし、ボディコンの女性たちが夜な夜な踊っていたというディスコ（これまた死語だが）というところへ行ったことがない。当然ながら東京・六本木辺りの交差点で一万円札を振りかざしてタクシーを止めた経験もない。だから「バブル世代」と言われてもピンとこないのである。

自分にとって「バブルな記憶」ってなんだろう。そんなことを思って記憶を辿ってみたが、思い出したのはキラキラした話ではなく、むしろ苦い過去だった。

「新聞社で働くことになればプライベートな時間なんてほとんどないに違いない。一緒に旅行へ行くなんて機会もないだろう。奮発して海外へ遊びに行くか？」。父のそんな一言がきっかけとなり、家族で香港旅行に出かけたのは八九年十一月だった。

初日夜のことだ。夕食を食べるため、わりと豪華なホテルの中にある中華料理の店に入り、メニューを見た。たまたま目に留まったアワビの煮込みは「時価」と書かれていた。英語を喋れない父が「値段を聞け」と言うので給仕係に尋ねると、当時の日本円換算で一万八千円と言った。大きさは一口サイズの饅頭くらい。さすがに高すぎると思っていると、傍にいた父が「じゃあ四個だな」と言った。

高級食材とはいえ一個一万八千円もするはずはない。今にして思えば完全にぼったくられているわけだが、当時は家族全員の金銭感覚がマヒしていた。家族で「やはり高級店の味は違うな」などと分かったような口をきき、それぞれ恍惚の表情を見せながら胃袋に収めた覚えがある。

さて、異常だった時代のこうした思い出を人に話していると面白いことに気づく。バブルの思い出として香港の中華料理屋の話をしても聞き手はさして笑わず、むしろ小さなアワビ四個に七万円超を払った世間知らずぶりにあきれる。

多くの人にとって当時の金満エピソードは耳タコなのだ。逆に興味を持たれるのがバブルの頃の就活事情。当時の学生にしてみれば身の回りで起きた当たり前の出来事だったが、多くの人には珍しいらしい。

あの頃の就活は四年生の八月が解禁だったが、学生は四月くらいからざわついた。そこで筆者が所属していたゼミの指導教授は新学期早々に学生と個別に面談する機会を設けてくれた。ありていに言えば進路相談だったわけだが、全員のヒアリングを終えた後の授業でこんなことを言った。

「これから就活が本格化するから、君たちの話を個別に聞いたけれど、勉強不足にほとほとあきれたよ。希望する職種を聞いたら、ほぼ全員が金融と言うじゃないか。そもそも金融といったって幅が広い。銀行もあれば証券会社や保険会社だってある。その絞り込みもできていないのか。諸君が言う金融、中でも都市銀行や長期信用銀行は難関中の難関だ。売り手市場だからといって甘く見てはいかん」

普段はアカデミアにどっぷり。世俗的なことを言っても全く興味を示さないような指導者だったので、学生の就活に踏み込んで発言したことはとりわけ印象的だった。

あの発言をいまだに覚えている理由がもう一つある。就活の結果だ。教授が難関中の難関といった大手銀行から同期十七人のほとんどが内定をもらい、うち九人が実際に就職した。むろん同期が抜きんでて優秀だったからそうした結果だった可能性がないわけではないが、おそらく違う。バブルのころの銀行の採用活動は異常で、ハードルが低かったのだろう。

筆者は週刊文春で二〇二〇年六月から七月にかけて「ヤメ銀～銀行マンは絶滅するのか」を、二〇二一年四月から六月にかけて「ヤメ銀～絶滅時代のバンカーたちへ」を執筆した。それはこんな動機から始まった。

我々は世間が浮かれまくっていた時期に就職した。しかし、ほどなくしてバブルは崩壊、中でも銀行は不良債権処理に追われ、その後、大再編を経験した。就職先に銀行を選んだ仲間たちは就職時に想定した銀行像やバンカー像と、就職後の現実に大きなギャップを抱えたに違いない。

　銀行に入った仲間の多くが第一線からは退いたいま、銀行とはどんなところだったのか、バンカー人生は楽しかったのかを聞いてみたい。もう銀行から離れた「ヤメ銀」なのだから本当の心の内を話すのではないか。そんなことを考えた。

　もっとも仲間の話だけで記事を書くわけにはいかない。いくつもの伝手を頼って取材を始めると、話を聞くことになったヤメ銀の年齢は結果的に二十代から八十代と幅広く、同世代ばかりではなかった。そのせいか、どのインタビューでも聞いた「あなたにとって銀行はどんなところだったんですか」「バンカーとはどんな生き物ですか」といった質問への答えは肯定的なものもあれば、極端に否定的なものもあり、結論を得ることがなかった。

　連載が終わった。しばらくして持ち上がった「連載をベースに新書を作らないか」という話はありがたかったが、反面、困った誘いでもあった。結局分からずじまいだった「銀行とは何か？」「バンカーとは何者か」にそれなりの答えを出さなければならないけれど、それが骨の折れる作業と思えたからだ。

　すっきりしない日々が続いたが、ある日のこと、ぼんやりとした光が差し込んだ。当時大学三年生だった親戚に就職のアドバイスを求められ、くだんのバブルの頃の就活エピソードを話した時のことだ。

当時、就職先としての銀行は「難関中の難関」と言われたが、ゼミの同期の内定率は一〇〇%で、仲間の半分以上が実際に就職した。バブルの頃の就活は異常だった……。この話を聞いた親戚は、内定率一〇〇%や半数が実際に銀行へ入ったことではなく、同期が判で押したように銀行を志望したことに目を丸くした。

ほぼ全員が「希望する職種は銀行」と即答した筆者の世代にとって、銀行は入ってしまえば一生安泰な企業社会の頂点。バンカーはビジネスの世界で一目置かれる職業だった。しかし猫も杓子も希望する就職先は銀行という時代はもはや昔話。今では銀行が大学生の人気就職先ランキングの上位から滑り落ちることも珍しくなくなっている。そうした変化があるからこそ、親戚は銀行志望者の多さに驚いたのだ。

そこで二つの考えが頭に浮かんだ。

銀行やそこで働くバンカーはかつてと今とで大きく変わった。幅広い世代に「銀行とは何か」「バンカーとはどんな生き物か」を尋ねても答えが収斂《しゅうれん》しなかったのは当たり前である。ここは考え方を改めて「銀行とは何か」や「バンカーとはどんな生き物か」に答えを求めず、銀行やバンカーがどんな変遷を遂げたかを辿ってみたらどうだろうか。

もう一つはこうだ。

世の中には銀行の変遷を辿った「銀行史」は山ほどある。しかし「バンカー史」はない。そうであれば時代ごとのバンカーの自画像を浮き彫りにし、変化の軌跡が環境変化に相応しいものだったのかを検証することには意味があるに違いない。

本書はそんな試行錯誤を経て書き上げたものなので、週刊文春での連載とは趣がだいぶ違う。登場するエピソード等は連載時と同じでも、かなりの部分で分析が当時と異なる。

二〇二三年三月末時点でバンカーは二十六万四千人超（全国百十行の職員数、全国銀行協会調べ）にのぼるという。この中にはバンカーを続けようとしている人、どう続けるか悩んでいる人、バンカーを辞めようとしている人がいる。これとは別にバンカーになろうとしている人がいて、バンカーを辞めた人もいる。立場の異なるそれぞれの人にとって本書の分析が今後の行動を考えるきっかけの一つになれば幸いに思う。（文中敬称略）

ヤメ銀　銀行を飛び出すバンカー◎目次

第Ⅰ部　バンカー像の変遷

「自閉症児の東大」といわれる学園

　ＪＲ三鷹駅からバスに乗り、五分ほど揺られて着いた停留所の周辺は住宅ばかりだった。目的地である武蔵野東学園はこのあたりにあるはずだが見当たらない。

　筆者は取材先、特に初めて訪れる先には予定時刻よりもだいぶ前に現地入りするようにしている。こちらからお願いしているアポイントに万が一でも遅刻するのは失礼だと思うからで、夏場はさらに早めに着くようにしている。

　これは歳を取り、行動が早め早めになっているせいもあるが、かなりの汗っかきという体質によるところが大きい。真夏の暑い日だと取材を始めても汗が止まらない。しまいには目の前にいる取材相手が「ご気分が悪いのではないですか？」と聞いてくるほどだ。そこで相手に気を使わせないよう取材開始時には汗が引いている状態にするというのが自分に課しているルールだったりする。だから早め早めなのだ。

困った個人的事情がもう一つある。どういうわけか肝心な時に限って面会の日時や場所を間違えるという妙な癖だ。最も苦い思い出は、大阪にある大企業の社長にご挨拶するというアポイントを一日間違えたこと。広報担当者から「取材は今日でしたよね？」という電話を東京のとあるオフィスビルのトイレで受けて勘違いを初めて知り、眼の前が真っ暗になったことがある。

武蔵野東学園を訪れたのは学校が夏休み期間中で、ひどく蒸し暑い日だった。取材の最中は汗が引いているようにしていなければならないと思って約束の一時間前には三鷹駅に着いていたのに、バスの停留所を降りて視界に入った風景にそれらしき建物が見当たらない。「学校って停留所の前にあるはず。なんでないんだ？　またやらかしたか」。そう思ったとたん、嫌な汗が背中をツーっと流れた。

今にして思えばスマホの地図アプリを頼りに歩けば良かったのだが、気持ちばかりが焦って炎天下にあてもなく住宅街を走り回った。ようやく心が落ち着いたのは「村上茉愛さん　銅メダルおめでとう」という横断幕がかかった建物が目に入った時だった（二〇二一年に開かれた東京五輪で、日本体操女子として初めて個人種目でメダリストとなった村上さんは武蔵野東学園の卒業生）。バス停を降りて二十分が経過。もはや汗は止まらなくなっていた。

散々な思いをしてまで武蔵野東学園を訪問したのは、理事長である寺田欣司が「ヤメ銀」だからだった。寺田は一九六七年に東京大学法学部を卒業して旧三和銀行（現三菱UFJ銀行）に入行、支店長などを経験した後、二〇〇三年に学園の理事長に就いた人物だ（二〇二四年三月で退任）。

あまたいるヤメ銀の中で寺田を取材することになったのは、こんな経緯である。

新聞記者時代の筆者は企業取材に明け暮れた。担当した業種は数多くあったが、このうち担当期間が比較的長かったのはエレクトロニクス業界で、そのうちの一社に富士通があった。当時の社長は黒川博昭という人だったが、大企業の経営者でこれほど名誉やおカネに執着心がない人は見たことがなかった。事実、社長ポストを後進に譲った際は会長就任を断固拒否して相談役に退き、数年後には富士通との関係を断ってしまった。

黒川が富士通を去って十年以上が経過した。ふとしたきっかけで同社関係者に消息を尋ねると「起業した」と言われた。なんでも富士通を離れた後に小樽商科大学大学院に入学、そこで知り合った友人と共に町おこしの会社を作ったという。会社の所在地は二〇二三年のワールド・ベースボール・クラシックで侍ジャパンを世界一に導いた栗山英樹監督と関係の深い北海道夕張郡栗山町。大学院入学も驚いたし、故郷でもない北海道で会社を作ったこともびっくりだった。

　誰もが知る大企業の社長を務めた人が小さな町おこしの会社をなぜ立ち上げたのか。是非とも話を聞きたいと思った。関係者を通じて黒川に何度か面会を申し入れたものの、その都度断られた。社長時代もそうだったが、黒川は人前に出るのを好まない。予想された反応ではあったが、事情や経緯がどうしても知りたくなって食い下がった。

　取材を申し込んでから二年後、あまりのしつこさに音を上げたのか、黒川はようやく会う約束をしてくれた。取材場所となった喫茶店に現れた黒川は、「話したいことなんてないから断ってきたのに、あんたもしつこいねえ。まあ会うと決めた以上は何でも話しますよ。隠すことなんて何もないしね」と言って疑問に全て答えてくれた。その中身は別の機会に譲るとして、黒川はインタビューの最後にこんな事を言った。

「というわけで俺が北海道で会社を作ったのは単なる思い付きで、大した話じゃない。それに比べて大学時代の友人で、俺なんかよりはるかに立派なことをやっている奴がいる。あんた、あいつの話を記事にした方がはるかに世の中のためになるよ」

そう言って教えてくれたのが寺田だった。黒川による寺田についての「前説《まえせつ》」は大層興味が引かれるもので、中身は概ねこんなものだった。

寺田が理事長を務める武蔵野東学園は健常児と自閉症児が一緒に学ぶという独特の教育システムを採用する学校で、「自閉症児の東大」ともいわれている。学園は一時期経営難に陥ったことがあるが、それを立て直したのが銀行員だった寺田。それだけでも功績は大きいが、その寺田の最も素晴らしいところは私心がないことにある。

元富士通の黒川がどんな経営者だったのかを聞いたとする。彼を知るほとんどの人は「私心のない人」と答えるだろう。その黒川をして「私心のない人」と言わしめるのはどんな人なのか？　自閉症児の東大とは？　銀行員だった人がなぜ学校経営に関わるようになったのか？　黒川の話を聞きながら早くも寺田という人に聞いてみたいことが溢れ出した。黒川と別れてすぐにスマホを取り出し、ネットで武蔵野東学園を調べた。たどり着いたホームページにあった寺田の理事長メッセージにはこんなことが書かれていた。

当学園は特異な「学びの空間」を持つ学校です。学園には「健常児」と「自閉症児」合計１６００名の生徒が在籍し、共に学園生活を楽しんでいます。この１６００名のうちの約１／３が自閉症児です。

自閉症児は他人とのコミュニケーションが苦手のため、障害児と見られることが一般的です。しかし彼らは穏やかで素直な性格、ひたむきで、人と争わず、うそをつくことを知らない、しかも健常児にはほとんど見られない特異な能力や才能を備え、周囲を驚かせる子もいます。つまり、優れた面を少なからず持っているのです。

そこで学園は健常児と自閉症児が活発に交流する場を設け、彼らが健常児から刺激を受けて勉強だけでなく、他者とスムーズにコミュニケーションができる力を身に着けられるよう導いています。他者との対話に慣れてきた自閉症児は、彼らの持つ独特の性格や才能、能力を社会生活に生かして社会自立の道を歩みはじめます。

一方彼らと接する健常児たち、自閉症児たちの持つ良い面、優れた面を知ることで刺激を受け学業に励むとともに、自閉症児たちを偏見の目で見ることもなく彼らを受け入れ、彼らに優しく接する豊かな人間性を育みます。そして学園を卒業し社会に出てからも、社会的弱者に優しい、周囲から愛される人間に成長します。自閉症児と健常児が共に仲良く学び、お互いに良い影響を与え合う学校、これが世界のインクルーシブ教育のパイオニアでもある武蔵野東学園の姿です。

文面から優しさが滲み出していると思った。この人の前職は本当にバンカーなのか。そんなことを考えてインタビューを申し込むとトントン拍子で日程が決まった。「準備は怠りなく」と思ってその他の資料も読み漁り、臨んだのが冒頭のシーンである。

日給で学校経営する元銀行員

汗は厄介なもので、暑さを感じてもしばらくは出ないが、一旦かきはじめると止まらなくなる。だからインタビューの最中に汗で困らないよう細心の注意を払ったはずなのに、停留所を降りてから彷徨《さまよ》ったため、早々に目論見が崩れた。

もう止まらない。施設に入って理事長室に通され、ほどなくして寺田が入室。その間、三十分くらいはあったはずだが、タオルで顔の汗を拭う仕草がやまない。それに気を取られて注意力が散漫になった。「これじゃあ準備が台無しじゃないか」と心の中で呟《つぶや》いていると、筆者を落ち着かせようと思ったのか寺田が先に喋り出した。まずい。気を使わせている。汗がさらに止まらなくなったのは、その寺田が追い打ちをかけるかのごとく、こんなことを言ったからだ。

「夏休みなのにあなたが取材に来るっていうから学校に来なければいけなくなっちゃった

じゃない。これって大変なことなんだよ」

　これまで学校を取材する機会などなかったから全く気にしていなかったが、確かに今は夏休み期間中。少なくとも理事長が登校する必要はない。恐縮していると、寺田はニヤッと笑った。

「僕は理事長だけれど給料は日給制なんだよ。今日はもともと休みだったんだけれど、あなたが来るというから学校へ来た。だから日給が発生しているというわけ」

　これが本当ならば相当まずいが、理事長が日給制なんてことがあるのか。

「本当に日給制なんだよ。僕は二〇〇三年に理事長を引き受けたんだけれど、その頃の学園の経営は大変だった。だから無給で引き受けると言った。そうしたら事務局が『そういうわけにはいかない』と。押し問答の末に決まったのが日給制なの」

　確かに黒川は言っていた。武蔵野東学園は一時期経営難にあったが、それを寺田はあっという間に立て直した、と。

「今日、お邪魔したのは富士通の社長だった黒川さんが、『寺田っていうすごい友達がいるから会ってみろ』とおっしゃったからです」

「僕がすごい奴かどうかはともかく、黒川とは共通点があるんだ。何だかわかる？　お互い偉くなりたいと思っていなかったこと。僕は子供のころ、おふくろにさんざん『偉くなっちゃだめだ。偉ぶっちゃだめだ』って言われて育った。ところが東大に入ったら、周りは偉くなりたい人ばかり。僕と同じ考え方を持っていたのは黒川くらいだった。だから仲が良かったんだよ」

　黒川が寺田を高く評価した理由はなんとなくわかってきた。それにしても理事長に就くにあたって「無給でいい」と返事をして、しぶしぶ日給制で折り合ったなんて、度を越したお人好しではないか。

「そりゃ僕だっておカネは欲しいよ。日給制なんて格好つけているんじゃないか、やせ我慢じゃないかと思うだろ。でも日給制にしても平気な顔をしていられるのは僕には別の収入があるからなんだよ」

　寺田は理事長室にある本棚から本を持ち出し、目の前に置いた。『支店長が読む「銀行業務改善隻語《せきご》」百八十撰』『銀行員という職業 その素顔を垣間見る』（以上、近代セールス社）と、『銀行窓口の向こう側』（扶桑社文庫）というタイトルだった。

「『銀行業務改善隻語』と『銀行員という職業』は本名だけれど、『窓口』の著者は神保《じんぼ》広《ひろ》記《き》ってなっているでしょ。これは僕のペンネームです。僕はあなたと同じ物書きでもあるわけ。印税収入はあるし、地元の信用金庫のお手伝いもしているから、理事長としてたんまりおカネをもらう必要がないんだ」

寺田について事前に予習したつもりだったが、そんな一面があるとは全く知らなかった。

寺田が物書きという肩書も持つことになったのは、古巣である旧三和銀行の第三代頭取だった渡辺忠雄の秘書を務めたことがきっかけだった。渡辺は一九二四年に東京帝国大学法学部を卒業して日本銀行に入行、四五年に三和銀行へ転職した。四七年に頭取に就くと「ピープルズ・バンク」路線を打ち出して銀行の大衆化を進めたり、金融界でいち早くコンピューターを導入したりした。「三和の中興の祖」と呼ばれるゆえんは、こうした実績によるところが大きい。

ある日のこと、渡辺は寺田に「この本の現代語訳が作れないか」と言って一冊の本を差し出した。『銀行業務改善隻語』。大正から昭和にかけてのバンカーで、三和銀行の設立にも関わった一瀬粂吉《いちのせくめきち》が著した書籍だ。

一瀬は昭和二年に起きた金融大恐慌後の大混乱を目の当たりにしてバンカーのあり方や

銀行経営の要諦、業界慣習に対する批判や提言など九百二十九の箴言を綴った。渡辺はそこに書かれている内容はバンカーが持つべき心得だと思って、寺田に「現代語訳ができないか」と言ったのだった。下問直後の寺田は忙しくて渡辺の要求に応えられなかったが、旧北海道拓殖銀行や旧山一證券が経営破綻した一九九七年に書籍化した。『支店長が読む……』は現在十二刷を数えるなどバンカーによく知られる本となり、以来、寺田は銀行やバンカーにまつわる書籍を相次いで世に出すことになった。

筆者の母はバンカーの家に生まれた。そのせいか母はバンカーの知り合いについて語る時、必ず「三井銀行に勤めていた○○さん」とか「三菱銀行で働いていらっしゃる△△さん」と枕詞を付ける癖がある。バンカーは尊敬すべき職業というニュアンスだが、筆者は昔の銀行やバンカーがどんな存在だったかをよく知らない。目の前にいる寺田は、富士通元社長の黒川が言う通り「すごい奴」であると同時に、昔のバンカーに関する最高の語り部であると思った。この人の話や著作を頼りに昔の銀行やバンカーの実像に迫ることにしよう。

「金貸しの情」を知り、「手形の面《つら》」が見えてくる

「あなたは若いから知らないかもしれないけれど、まだ日本が貧しかった頃に端切れ屋という仕事があったんだよ。着物の切れ端をたくさん集めて再利用したり、破れた着物を補修したりする仕事だ」

寺田は三和銀行に入行して最初に配属された東京・三河島支店の話をし始めた。

「日本が高度経済成長を遂げて、国民の所得水準はどんどん上がった。だからだったんでしょう。端切れ屋の仕事はみるみる減っていった。融資係となって担当した取引先の端切れ屋もご多分に漏れずで、いつ潰れてもおかしくない状態だった」

入行したての寺田には「阿部さん」という教育係が付いた。バンカーになりたてで右も左も分からない寺田だったが、阿部さんに「あの端切れ屋からは手を引いた方が良いんじゃないですかねえ」と言ったという。

「何も知らない若造が偉そうなこと言ったと今でも後悔しているよ。でも阿部さんは怒りもせずにこんなことを言った。『俺だって厳しいことは分かっているよ。でもあの店の倅《せがれ》は親から継いだ商売を必死に守ろうとしているんだ。俺はあいつが頑張れるうちは貸す。もちろん永遠にってことはないだろう。あいつの家の資産で借金が賄いきれなくなったら、潮時だって言ってやるんだ』」

先輩の教えをまるで昨日のことのように語る寺田は、その端切れ屋は結局店を畳むことになったが、借金は残さずに済んだと言った。

「あの時、僕は『金貸しの情』ってやつを知った。それでこの仕事は面白いって思ったんだ」

筆者が話の中身はもちろんのこと、語り口に聞き惚れていたことを察したのか、寺田は続けざまに「じゃあ手形割引って知っているかい？」と聞いた。銀行を取材していた時期もあるから、それは知っていた。本来であれば数カ月先に現金化することができる約束手形を銀行などに持ち込むと、銀行が一定の手数料を差し引いて持ち込んだ人に現金を渡す仕組みである。手数料は融資の利息よりも安いため、中小企業にとっては利用しやすい資金調達で、昔は銀行の一般的な融資形態といわれた。

「ある日、阿部さんが『持ち込まれた手形をすべて観察するまでは帰宅しちゃだめだよ』と言った。融通手形を見抜く教育だったわけ」

融通手形とは、資金繰りに困った中小企業が急場を凌《しの》ぐため、実際には商取引がないのに、取引先に振り出してもらう手形のことである。モノの流れの裏付けがないから不渡りになる可能性が高い。「空手形を切る」という言葉の語源は、この融通手形という説もある。

「僕は阿部さんをすっかり尊敬していたから、毎日のように手形を観察した。表裏だけじゃない。振出人である会社の印鑑の鮮明度、印紙の貼り方、割り印の押し方を来る日も来る日も眺めたよ。そうしたらさ、『手形の面《つら》』ってやつが見えるようになってきた。どれが真っ当な手形で、どれが融通手形なのかが分かるようになったんだ」

　筆者は人の話の落としどころを先読みする癖がある。この時も頭を巡らせて先回り。

「それで僕は一人前の融資係になった。阿部さんのおかげだ」がオチだと思っていたが、寺田の話は違う方向に進んだ。

「ある時、僕が融通手形だと確信していたものに、阿部さんが換金承諾のハンコを押した。阿部さんの教えで融通手形を見抜く訓練をしていた僕にしてみれば納得できるわけがない。阿部さんに『ハンコ押して良いんですか』と聞いた。そしたら阿部さんはこう言った」

「寺田くん、融通手形が持ち込まれるのには理由があるんだよ。力の弱い中小企業は銀行と取引をするのに預金を求められるだろ。取引先に万が一のことがあった場合に備え、銀行が預金という〝人質〟をとるわけだ。でも考えてもみろよ。我々が『おカネを貸すから一定額を預金しろ』と要求するから中小企業は目先の資金繰りが苦しくなって、止むに止まれず融通手形を持ってくるんじゃないのか。融通手形って分かっていても、その金額が預金の範囲に収まっていれば割ってやるべきだろう。悪いのはしつこく『預金しろ』『預金しろ』っていう銀行なんだから」

「ジャーナリスト」より「記者」という言葉に惹かれ、「作家」という表現より「物書き」に愛着を持つ筆者にとって、バンカーを「金貸し」と言う寺田の話はすこぶる面白い。昔の金貸しには情があったのだと思った。

気がつけばすっかり汗は引いている。それもそのはず。ことのほか落語好きだという寺田の名調子に引きずり込まれ、インタビューが三時間近くに及んでいたからだ。夏休みとはいえ日も傾き始めているので辞去しようとすると、「じゃあこの本を持っていきなさいよ」と本を渡された。帰りの電車の中で『銀行窓口の向こう側』のページをパラパラめくっていると、そこには遠い昔のバンカーが浮かび上がってきた。例えばこんな話があった。

ある支店で次長をしていた時に部下が「気になる延滞が発生している。当該の顧客に何か特別なことが起きているに違いない」と言ってきた。しばらくするとこの部下が「やっぱりでした。ご主人が交通事故に遭い、植物状態になってしまわれたそうなんです。奥様は借り入れの都度返済は難しいけれど、補償金が入ったらまとめてお支払いするとおっしゃっています。延滞のままにしておきましょうか」と報告してきた。

寺田が「ちょっと待てよ。昨年、親父が咽頭がんで声を失った時に母が『生命保険が支払われた』と言っていたな。重度の障害ならば死亡時と同じように保険金が支払われるんじゃないかな。診断書があれば保険金は出るだろう。それが手に入れば、住宅ローンが払えるんじゃないかしら」と言うと、部下は早速保険会社に照会、寺田の見立て通りであることがわかった。おかげで住宅ローンが返済できた「奥様」は、植物状態になってしまった夫を支えながら、返済に追われるという地獄を見ずに済み、涙を流して部下にお礼を言った。

こんな現場を数多く踏んだ寺田は『銀行員という職業』でこんな持論を唱えている。

銀行マンとは何か。それは「客商売」をしている人である。

それもただの客商売ではない。頭を下げまくり走り回ってサービスにこれ努めるだけでは足らない。（中略）「金」にまつわる様々な情報に通じ、お客様に「金の扱い方のプロ」として接しなくてはならない。（中略）

それが銀行という客商売でのサービスであり、それができない銀行マンは二流である。

いつも本店の指令、上司の意向にばかり注意がいってお客様の声を聞けない、客の期待に応えられない銀行マンは、そもそも客商売たる銀行マン失格である。（『銀行員という職業』P.146～147）

秘密主義とリスク排除の「昔の銀行あるある」

もっとも寺田の著作は人情噺ばかりではない。銀行やバンカーのもう一つの顔も描いている。三和銀行の中興の祖から言われ、日本が金融危機の真っただ中にあった時に出した『支店長が読む……』は一瀬の箴言に寺田が現代語訳を付け、さらに箴言にまつわる身の回りで起きたエピソードを紹介する形式だが、その中には例えばこんなことが書かれている。まず一瀬の箴言はこうだ。

凡そ銀行家は、自分はかゝる主義方針を信奉し、今や現に之を実行しつつあり、之に対する忌憚なき江湖の批判を待つ、との高潔なる態度を示すの慨なかるべからず。（第一章）

これに寺田はこんな現代語訳を付けている。

およそ銀行家は、自分はこのような主義方針を正しいと信じ、今それを実行しつつあり、これに対する遠慮のない世間の批判を待っている、と私心のない態度を示す気概がなければならない。（『支店長が読む「銀行業務改善隻語」百八十撰』P.45）

その上で寺田はこんな思いを記している。

己の立場を明らかにし、隠しだてのないことをもって銀行経営者の目指すところと翁は言う。銀行員に課せられた守秘義務は重い。しかし、顧客の秘密を守ることを本分の一つと教育され続けているうちに、銀行内部において公明正大に議論を重ねるべき事項についてまで、秘密主義が横行する弊害が、今日の多くの銀行で見られてはいないだろうか。

支店間の秘密主義、部門間の秘密主義、上司部下の関係にも秘密主義が入り、非効率な業務活動、片寄った情報による判断、一方的な評価、弁解を許さぬ処分、問答無用など、あらゆるところに秘密主義がはびこっている姿を目撃した。（『支店長が読む「銀行業務改善隻語」百八十撰』P.45〜46）

バンカーは人のカネを扱うから必然的に守秘義務が発生しやすい。しかしそれが高じて秘密主義が組織の至る所にはびこっているという指摘だ。先に紹介した『銀行員という職業』という著作でもバンカーの裏面がいたるところに出てくる。

「（支店で）一円でも勘定が合わなければ夜を徹して精査作業をした。月末日には女子行員までもが遅くまで仕事場に残った。（中略）銀行員は職場結婚比率が非常に高い職業だった」（P.63）

「末端の行員が支店長と口をきく機会なぞ、年に数回しかなかった」（P.67）

「君は支店長研修のときの朝飯にいちゃもんを付けたそうじゃないか。朝飯ごときに文句をつけるようでは、君の出世にも影響しかねないよ」（P.86）

「当時は取引先が金を借りるときには、少なくとも（取引先の）経理部長以上の肩書きを持った人が、銀行を訪ねて申し出る時代だった」（P.120～121）

「銀行マンは経理に明るいのではなく、数字に明るくてそろばんが得意なだけのことだ」（P.162）

かなり手厳しい指摘が並ぶが、笑ってしまったエピソードもあった。

いま銀行の支店では有人カウンターよりもＡＴＭコーナーの方が幅を利かせている。寺田によれば、このＡＴＭの前に利用者が一列に並ぶ方式を最初に編み出したのは寺田だという。「導入した時に全国紙で取り上げられたから間違いないよ」とは本人の弁だ。

支店長として一列行列を取り入れようと本店の部長に相談した寺田は、部長から「試してみろ」と言われ、さらにこう付言された。「どんなに成功しても、たった一人のお客様が文句を言えば大騒ぎになるのが銀行の常だ。だからアンケートを実施しなさい。これだけのお客様が良いと言っているという証拠をつくりなさい」

顧客百人を対象にアンケートを実施すると一列行列に賛成したのは九十六人、反対はゼロ、以前のスタイル賛成が四人。気を良くした寺田だったが、次に毎月混雑する二十五日に数十人、場合によっては百人が一列行列を作り、じりじりしていることに気づいた。そこで計測に計測を重ね、利用客があと十分でＡＴＭが使える地点を探り当て、そこに「ここから所要時間は約十分です」という看板を置くことにした。しかしほどなくして守衛が撤去したという。守衛は「十分待っても順番が来ない利用者のクレームを受けるのは自分だ」と言った。守衛までもがバンカーのようなものの考え方をするようになってしまったということのエピソードについて、寺田はこう結んでいる。

「いつも『焦げ付きゼロ』『クレームゼロ』『一算合明（注：勘定が一円たりとも違わないこと）』の銀行世界では、確率や統計など数学的なものの考え方が育たないのだ」

寺田の著作に書かれているのは「昔の銀行あるある」だ。本書の第I部第3章にも登場いただいている元あさひ銀行（現りそな銀行）頭取の梁瀬行雄は一九六八年に入行したヤメ銀。寺田と同世代だが、その梁瀬はこんな「昔の銀行あるある」を語った。

「入行の前年となる一九六七年に内定をもらったんだけれど、早速、家の近所に人事部の人が出没するようになった。うちの近所の家を訪問して、『あそこにお住まいの梁瀬さんのお宅はしっかりした家なんでしょうか？　問題になったことはありませんか？』って聞き込みを始めたんだよ。いまだったらプライバシーの侵害だけれど、昔はそんなこと当たり前だったんだよね」

寺田と梁瀬の「あるある話」には共通点がある。昔の銀行は悲しくなるほどリスクを排除しようとしていたことだが、梁瀬が語った別の「あるある」は規制金利時代のみならず、その後もかなり長い間続いた銀行のカルチャーの一端を切り取るようなものだった。

「入行して支店に配属されると、最初の仕事は預金集めだった。あの頃のバンカーのほとんどがそうじゃなかったかな。企業や工場の旺盛な資金需要に応えるため、あらゆるところからおカネをかき集めなければならなかったから。ところが時々、『打ち方やめ』の号令がかかった。僕はあさひ銀行の前身の埼玉銀行に入ったんだけれど、『これ以上、預金を集めると埼玉銀行よりも序列が上の協和銀行の預金量を抜いてしまう』というのが理由。その協和と合併したんだからなんともいえないわな」

寺田や梁瀬の話、さらに寺田の著作からは筆者が直接は知らないものの、しかしながらなんとなく想像がつく昔の銀行像、バンカー像が浮かび上がってきた。時代が下って銀行やバンカーはどう変化し、何が変わらないのか。次章以降でそれを詳《つまび》らかにする。

まとめ

① バンカーになるのは品行方正ないわゆるエリート。企業の旺盛な資金需要に応えるため、預金集めに奔走した。企業にとって銀行は生命線ともいえたため、そこで働くバンカーの社会的地位は高い。

② エンジニアは無から有を生むために塗炭の苦しみを味わうといわれる。しかし日本の金融システムの設計や管理は大蔵省（現財務省）や日銀が握っていたので、バン

カーはエンジニアのような経験をする機会が少ない。画一的なビジネスの中でバンカーが自分らしさを出す場面はおカネを誰にどう貸すか、貸し出しをどう回収するかぐらいに限られ、行員の能力を判断する物差しは「人を見る目」とされた。

③　カネにまつわる失敗は大惨事を招きかねない。従って行員一人ひとりには独創性よりも失敗をしないことが求められた。

④　「毎日ミスゼロ」を効率的に達成するため組織内に細かなルールや暗黙知が培われた。整然たる上意下達組織からはみ出さないこともバンカーに必要な資質となり、それは往々にして「人を見る目」よりも重視された。

金利自由化の呼び水となった中期国債ファンド

カネにまつわる仕事をしているから品行方正。社会的地位は高い。しかし失敗は許されないので萎縮しがちで、組織の論理からは決してはみ出さない。夏の暑い日でも服装は背広。これをビシッと着こなし、銀縁の眼鏡をしている。そんなイメージがあったバンカーは一九八〇年代に大きく変わった。取り巻く環境が激変したからだ。

一つは証券会社の台頭だろう。昔は「株屋」と蔑《さげす》まれた言い方をされることもあった証券会社だったが、それを銀行が意識せざるを得なくなったのは、一九七五年から本格的に始まった赤字国債の発行が大きい。国債市場なるものが急拡大、これを受けて証券各社は一九八〇年以降、「中期国債ファンド」という金融商品を出した。主に償還まで五年以内の中期国債を買い付け、一カ月複利で運用する公社債投信のことだ。

この中期国債ファンドは購入して三十日間据え置くと、解約手数料を払わずにいつでも引き出せた。少しだけ我慢すれば銀行の金利より高い利回りが手にできるという貯蓄性商品だったわけで、その登場は銀行にとって大きな脅威となった。

ところで規制緩和で誕生した中期国債ファンドの利回りは証券会社によって異なっていた。つまり自由金利商品だったわけだ。これに対して定期預金は固定金利のまま。そこで銀行には「自分たちも金利を自由に付けられるようにしたい」という動機が芽生えた。一九八五年十月、十億円以上の大口定期預金の金利は自由化され、その後、預入単位は段階的に引き下げられた。

中期国債ファンドの登場と金利の自由化は、銀行にとってかなり大きな出来事だったに違いない。戦後三十年弱にわたり、銀行の預金商品には普通預金と一年物の定期預金しかなかった。一九七三年に二年物の定期預金が登場、その後、いくつかの預金商品が生まれたものの、融資の「タネ銭」となる預金をどう集めるかについて、銀行は基本的に知恵を絞る必要がなかったからだ。突然、競合商品が誕生したため、銀行は資金需要の多寡に応じて金利を高くしたり、低くしたりする必要が出てきた。

証券会社の台頭を印象づけた出来事は中期国債ファンドの誕生だけではなかった。事業会社が株式の発行や増資、あるいは社債の発行といった直接金融を通じて資金調達をするようになったことも大きい。日本企業は一九七〇年代中頃（昭和四十年代終わり）に資金調達の八割を間接金融、すなわち銀行融資に依存していたが、一九八〇年代中頃にはこれが四割まで下がっている。

やや脱線するが、筆者がいた新聞社はその昔、銀行を取材するグループと証券会社を取材するグループに分かれていた。これは偏見かもしれないが、社会には「銀行の方が証券会社よりも偉い」という風潮があって、それは勤めていた新聞社の銀行担当記者と証券会社担当記者それぞれのメンタリティにも反映されていた。つまり銀行を取材している記者は証券会社を取材している記者を見下し、証券会社を取材している記者は根拠なき格差に腹を立てているのである。銀行も証券会社も監督官庁は大蔵省（現財務省）だったが、銀行局が三階、証券局は四階にあったので、証券会社を取材している記者は銀行や銀行局のことを「三階」と隠語のように呼んだ（ちなみに銀行を取材している記者は証券会社が視野に入っていなかったのか、「四階」と呼ぶことはなかった）。

証券会社より銀行の方が偉い。世間にもそんな雰囲気があった中での間接金融から直接金融への移行は、銀行がともすれば証券会社に金融界の主役の座を明け渡すようなものだった。プライドの高い銀行は証券会社の台頭を食い止めようと、あの手この手を繰り出したが、これが抗えない奔流になったのは資金調達を巡る地殻変動が起きたからだ。一九七三年と一九七九年に起きた二度のオイルショックである。

日本経済は戦後一貫して慢性的な資金不足に頭を抱えた。一方、企業にあった旺盛な設備投資意欲は高度成長期にますます高まった。企業から持ち込まれる融資の依頼にどう応えるか。引く手あまたという基本的構図の中で、銀行やそこで働くバンカーの社会的地位が高まったのは当然の成り行きだった。

しかしオイルショックで景気の先行き不透明感が強まり、企業は一転して資産と負債を抑制する減量経営に乗り出した。資金需要は一気に減退、これまでのようにちやほやされることがなくなった銀行やバンカーは活路を探さなければならなくなった。新たな融資先として目を付けたのが中小企業向け融資や住宅ローンだ。

バブル発生のメカニズムとは？

環境はさらに変わった。一九八五年九月二十二日のプラザ合意がそれ。この日、ニューヨークのプラザホテルでG5（先進五カ国蔵相・中央銀行総裁会議）が開かれ、会議後にマクロ経済政策の協調と、ドル高是正のための協調介入を決めた共同声明が発表された。これを受けて各国の市場ではドル売りが殺到、為替相場はたった一日で一ドル＝二百四十二円から十二円も円高となり、一年後には百五十円台で取引されるようになった。

プラザ合意が発表されたのはこんな経緯があったからだ。第二次オイルショック後に世界的なスタグフレーションが起きた。そんな中で一九八一年に誕生した米レーガン政権は①軍事支出を増やして経済を成長させ、「強いアメリカ」を復活させる②減税と規制緩和を通じて労働意欲の向上と投資の促進を図る③マネーサプライの伸びを抑制してドル高に誘導し、インフレ率を低下させる――という三本柱の経済政策、いわゆるレーガノミクスを打ち出した。

この結果、ドルは主要通貨に対して一九八五年までの五年間で三割弱上昇。その結果、輸出の減退と輸入の増加をもたらし、貿易赤字が拡大した。米国の経常収支は一九八二年、赤字に転落、一九八五年にはＧＤＰの三％に相当する千二百四十億ドルに達した。減税によって税収は伸び悩んだが、それでも軍事支出は増大したので連邦財政は八三年以降、毎年二千億ドル前後の赤字を続けた。米国はいわゆる「双子の赤字」を抱えることになった。

プラザ合意は双子の赤字を解消するために「強いドル」を放棄するという政策決定だっ

たが、この急激な方針転換を受けて日本には悲観論が広がった。自動車や電気製品の輸出で当時の西ドイツなどと共に経常収支黒字国となっていたのに、その前提が崩れたからだ。そもそもプラザ合意が発表されたころには景気後退局面に入っていたこともある。そこここで「円高不況がやってくる」と囁《ささや》かれるようになった。

これに対応するため日銀は翌一九八六年一月から一九八七年二月までに公定歩合を五回、合計二・五％引き下げた。一方、政府は一九八六年九月に三兆六千億円の、一九八七年五月には六兆円の経済対策をそれぞれ決めた。いまでこそ「金あまり」という言葉をいたるところで聞くが、最初に言われたのはこのころだった。

金融政策と断続的な財政出動もあって一九八七年に国内景気は回復基調となった。市場金利も反転、上昇を始めたが、そこにドル安に伴うインフレ懸念が原因とされるブラックマンデーが起きた。一九八七年十月十九日のことだ。ニューヨーク株式市場は史上最大規模の大暴落を記録。下落率は二二・六％で、世界恐慌を引き起こした一九二九年十月二十四日のブラックサーズデー（下落率一二・八％）を上回った。暴落は世界中に波及、翌日の日経平均株価は戦後最大の下落率一四・九％を記録した。政府や通貨当局にとって、米国発の世界恐慌をどう防ぐかが最大の関心事となり、各国は協調して金融を緩和した――。

その後に日本で起きたバブルの発生メカニズムについてはさまざまな研究者が解き明かしている。筆者にはそのどれが正しくて、どれが誤りなのかを指摘するほどの見識はないが、つまるところ当局者がゆでガエルだったのではないかと思っている。

ブラックマンデー後、世界は米国発の恐慌到来を恐れて金融緩和をした。しかし震源となった米国は一九八八年三月に市中金利を高め誘導し、八月には公定歩合を引き上げている。ドイツも一九八八年六月と八月に公定歩合を引き上げている。

しかし日本は積極的に動こうとしなかった。理由について旧大蔵省（現財務省）の銀行局長を務め、財政金融研究所長の経験もある西村吉正は自著『金融行政の敗因』（文春新書）の中で三つ挙げている。

①　円高の進捗　ブラックマンデー以降一層の円高が進み、八七年末には一二〇円台前半まで買い進まれ、八八年にも円高基調が続いた。このため、金利引上げが一層の円高・ドル暴落を招き、世界同時恐慌の引金を引くとの懸念が強かった。また当時の世論は円高に対して常に過敏に反応していたので、円高を招きかねない金融政策の変更を行いにくかった面もあろう。

②　経常黒字と内需拡大要請　八七年後半までは、円高不況からの回復を求める国内世

論に配慮する必要があった。事実、当時の金融緩和政策は、広く国内からの支持を受けていた。経常収支黒字は八七年には徐々に縮小を始めていたが、内外から依然として内需拡大の継続が要請されていた。

③物価の安定　内需主導型の自律的成長を続ける中で、物価水準は極めて安定していた。また、物価の上昇は、企業収益増大など、当時のわが国経済の良好なファンダメンタルズを反映したものとの見方が広まっていた。地価の上昇については、国際都市・東京のビル不足対策など実需を反映した地価上昇との見方も有力であった。これは資産価格と物価の同時的上昇を経験した七二、七三年（列島改造とオイルショックの併存）とは対照的であった。（『金融行政の敗因』P.32）

同書における西村の分析は全体的に理路整然としていて、示唆することが多い。しかしバブルを招くことになった政策判断については「円高を招きかねない金融政策の変更を行いにくかった面もあろう」「内外から依然として内需拡大の継続が要請されていた」「実需を反映した地価上昇との見方も有力であった」（傍点筆者）などと推測が多く、歯切れが悪い。それゆえ当時の金融当局者の政策判断が多分に世間の空気に流されたものであったことが窺える。

さて当時、大学で比較的真面目に経済学を学んでいた筆者は国内の雰囲気がこんな感じだったと記憶している。確かにプラザ合意後に「不況が来る」と騒いだ人がいて、多くが身構えた。しかし実のところ想像されたような大きな動きは起きず、そのうち「あの悲観論は何だったのか」というムードが広がった。

二年後のブラックマンデーで今度は「世界恐慌が来る」と騒ぎになったが、多くの失業者がさまよっているというような事態は起きなかった。まるでイソップ物語の「オオカミが来る」と同じことが起きていたのだ。

そのうち国内には「日本経済は強いんだ」という根拠のない自信がみなぎるようになった。経済学部の講義でマクロ経済学の大家は「いま世界経済をリードしているのはＧ５ということになっているけれど、実際はＧ２（日本と米国）だ」などと平気で言ったが、それを「つけあがった日本人の戯言」と受け取った学生は一人もいなかった。英エコノミスト誌は世界経済が一九八〇年代後半の危機を乗り切ってこられたのは何といっても日本のおかげであるとして、“Thank you, Japan” と題する巻頭社説を掲載したほどだ。「東京二十三区の地価が米国全体の土地の時価総額を上回る」「大手都市銀行一行当たりの時価総額が米シティバンクの五倍になっている」と識者が指摘しても、誰も不思議に思わないバブルという現象がここに生まれた。

「自由化」と「競争」という新しい価値基準

与えられた営業エリアを走り回って必死に預金を集め、選別した優良企業に貸し出す。その積み重ねで日本は経済成長を遂げる。戦後から一九七〇年代前半までの銀行やバンカーの役割、立ち位置を大雑把に言えばそういうものだったのだろう。しかし一九八〇年代に入ってからの劇的な環境変化で貸し出し条件は大きく変わった。

証券会社が中期国債ファンドという金融商品を手にしたことは先述したが、他の貯蓄性金融商品も登場した。信託銀行は一九八一年六月に貸付信託「ビッグ」を導入、長期信用銀行は利付金融債「ワイド」（一九八一年十一月導入）を売ろうとした。生命保険会社は「一時払い養老保険には節税メリットがある」とさかんに宣伝した。バンカーにはライバルが続々と出現した。

カネ余りが生じているのに有力な貸し手だった企業の資金需要が減ったことも先述したが、そんな銀行に追い風が吹いた。バブルを背景とした財テクブームと貸し出しロットの大きな不動産融資である。

ここで留意しておかなければならないのは、一九八〇年代になってバンカーに「自由化」と「競争」という新しい価値基準が入ってきたということだろう。むろん金融システムの設計や管理は依然として大蔵省や日銀が握っていたから、真の意味での自由でも競争でもない。それでも以前のように当局が箸の上げ下ろしまで指導するという時代ではなくなり、ライバル視しなければならない存在も出てきた。

このためバンカーはそれまでのように品行方正に振る舞っている場合ではなくなった。今にして思えば節度あるくだけ方をすればよかったのだが、バブルという根拠なき熱狂が相まって振り子が極端に振れ、ルールから逸脱しない範囲でなら何をやってもいい（そのうちルールも逸脱するのだが）と考えるようになった。

筆者にとって最も印象深いのは自身が当事者でもあった採用活動だ。就職活動をしたのはバブルの真っ最中で、振り子が大きく振れた銀行やバンカーによる度を越したリクルート話を数多く耳にした。例えば体育会に所属していた先輩は、ろくに就職活動もしていなかったが都銀から内定をもらっていた。さらにこんなことも言った。

「この前、人事部から『どこで働きたいか？』という電話があったよ。『英語が勉強したいので、英会話教室が近くにある支店が良いですね』と返事をしておいた」

大手都銀の人事部が一介の学生の機嫌をとるような配属をするとは思えなかったが、この先輩が配属された支店の前には確かに英会話学校があった。超が付く売り手市場だった当時の就職戦線で、学生たちのこうした〝武勇伝〟は枚挙にいとまがないが、いずれにせよ学生に内定を出すにあたり、人事部が身辺調査に乗り出して間違いのない人物かを確認した一九七〇年代までの銀行は姿を消した。

タリーズ創業者・松田公太の就活

こうした数多くある武勇伝の中で最も面白かったのはタリーズコーヒージャパンの創業者で、日本のパンケーキブームの火付け役となったEggs'n Things JAPAN（エッグスンシングスジャパン）を傘下に持つKooJoo（クージュー）ＣＥＯ（最高経営責任者）の松田公太の話だった。松田が筑波大学を卒業して就職したのは三和銀行（現三菱ＵＦＪ銀行）だ。

「学生時代から起業家になろうと思っていたんですよ。父親が水産会社に勤めていたこともあって、食にまつわる企業を興すつもりでした。就職はそのスキルを身につけるためのものと考えていました」

まず訪問したのが電通だったという。最初の訪問先が超売り手市場とはいえ難関といわれたところだったのには驚いたが、話もそこそこに採用担当の重役が「うちに来てくれるね」と手を差し伸べてきたという。松田は中学と高校でサッカー部に所属、大学ではアメリカンフットボール部に所属していた。「一発内定」はおそらく体育会に所属していたからだろう。

しかし松田は「今日から就職活動を始めたんです。電通が自分にふさわしい会社なのかどうか分かりません。もう少し時間をください」と重役に返し、握手を拒んだという。その後、商社や食品会社を訪問した。

「若気の至りとはいえ失礼なことをやっていましたね。銀行ですか？　考えていませんでした。堅苦しいイメージがあったから。友達も『お前がバンカーなんてあり得ないよ』と言っていました」。翻意したのは大学の先輩が「経営者になりたいのなら金融を勉強しないとだめだ」とアドバイスしたからだ。

松田は最初、住友銀行（現三井住友銀行）から内定をもらったが、その後に内定を出した三和銀行へ行くことにした。

「それで住銀の採用担当者に断りの電話を入れたんです。そうしたらホテルに呼び出されました。足を運ぶとすかさず部屋に閉じ込められて、大学の先輩が入れ替わり立ち替わり翻意するよう説得しました。『お前が内定を辞退したら来年の就活でうちの学校の採用枠が減るんだ』とか脅されましたね」。当時、アメリカンフットボールの試合で怪我をし、松葉杖をついてホテルに向かった松田は最後、その松葉杖で部屋にあった机をひっくり返し「僕は三和に決めました」と言い残し、脱兎のごとく逃げたという。

バブルのころの三和のリクルート活動が猛烈だったことは松田以外の人からも聞いた。明治大学に通っていたこの人は、就活シーズンの真っ只中に一年間、海外へ放浪の旅に出た。サークルの先輩たちが代わる代わる「うちに来いよ」と言ってくるので、就職なんてどうにでもなると思ったからだ。第一志望は商社で、海外経験があれば入りやすくなるのではないかと思ったという。

「でも体育会に所属していたわけでもないし、相手にされませんでした。どうしようかと思っていたところに先輩から電話があって『三和に来ないか』と。『いや商社志望なんです。銀行には興味がありません』と言ったら『お前、三和を他の銀行と一緒にするんじゃないよ。三和は商社マンみたいな奴を求めているんだ』って怒られました」

先輩に直接会ってみると内定を言い渡された。「若手の行員が内定を出せるわけないじゃないですか。でも本当に出たんです。その後、面接はあったけれど形式的なものでした」。入行して配属されたのは明治大学のキャンパスに近い神田支店。主な仕事は学生のリクルートで、就活中の後輩に電話をしたり、直接会ったりして、「三和を他の銀行と一緒にするな」と口説いていたという。似たような話はバブル期に住友銀行へ入った知人からも聞いた。

こうした、かなり乱暴な採用活動が横行した原因については単に「バブルだったから」と説明されることが多いが、それでは不十分だろう。

規制当局にがんじがらめにされていた銀行に「自由化」や「競争」の概念が入り込み、そこで勝ち抜く必要条件に「規模」があったからだ。規模を支えるのは行員数。だからやみくもな採用をしたのだが、中でもアグレッシブだったのが三和銀行と住友銀行だった。

なぜこの二行はそうだったのか。筆者は新聞社に就職後、ある経済事件の取材を通じてその理由に辿り着くことができた。

初任地で受けたイトマン事件の洗礼

初任地だった大阪で一九九〇年十月七日、驚天動地のニュースが飛び込んできた。住銀会長で〝天皇〟と呼ばれた磯田一郎が突如辞任を表明したのだ。世に言うイトマン事件が弾けた瞬間だった。

「闇の紳士」などというキャッチーだが物騒な言葉が頻繁に飛び出すイトマン事件については数多くの関連書籍が出ている。おまけに筆者は取材の中心にいたわけではないので事件について詳述するつもりはないが、二カ月ほど「取材班」に組み込まれた時の経験は明らかにしても良いだろう。

年が明けた一九九一年になっても在阪メディアには磯田辞任の衝撃が残り、多くの記者がイトマン関連報道に血眼《ちまなこ》になっていた。そのさなかの一月二十五日、磯田の側近で住銀常務からイトマンへ転じ、社長を十六年間務めた河村良彦が解任された。

今でこそ関連書籍を読めば河村がなぜ解任されたのかは分かる。しかし当時は皆目見当がつかない状態で、それでも紙面を作らなければならなかった。職場の大騒ぎは夜中まで続き、寮に帰ったのは午前三時過ぎ。疲れて風呂に入る気にもならず床についたが、すぐに電話が鳴った。

「朝日新聞に解任された河村の単独インタビューが載っている。いますぐ河村の自宅へ行って話を聞いてこい」

再び背広を着て外に飛び出し、タクシーを捕まえて河村の自宅へ向かった。

自宅には一番乗りした。真っ暗闇の中でインターホンの在り処を見つけ、いざ押そうとすると、後ろに人の気配を感じた。他社の記者だった。筆者と同じようにデスクに叩き起こされ、「河村に会ってこい」と言われたのだろう。そうしているうちに一人また一人と同業者が現れ、日が昇るころには七〜八人の記者が家を取り囲んで、代わる代わるインターホンを鳴らした。河村は居留守を決め込んでいたようで、家人は判で押したように「河村は自宅にはおりません」と応対した。

土曜日だったこの日、閑静な住宅街にあった河村邸には時々訪問客があった。おそらく河村の知人で、報道を見て心配になり、様子を窺いに来たのだろう。筆者を含む七〜八人の記者はその都度訪問客に近寄り「どちらさまですか？　どういったご用件でしょうか？」などと聞いた。なぜそんな振る舞いができたのか。今にして思えば傍若無人も甚だしいと思うが、当時はそれが記者として当たり前の行動だと思っていた。

そうこうしているうちに夕方六時となり、ようやく張り込みの交代要員が来た。河村邸前で十二時間以上も立っていたのに成果はなし。それでもようやく眠れるという喜びが勝り、寮に帰った。泥のように眠っていると、夜中に再び電話が鳴った。河村邸へ行けと命じたデスクだった。

「お前の目は節穴か？」

　藪から棒にそんなことを言われたので絶句しているとデスクはこう続けた。

「午後三時くらいに河村邸のガレージが開き、白い車が一台出て行っただろう」

「その覚えはありません」

「それに河村が乗っていたんだよっ」

「そんなことあるはずないじゃないですか。車が出ていくときに車内をのぞき込みましたよ。河村さんはいませんでした。それは一緒にいた他社の記者も確認しています」

「河村はトランクの中にいたんだ」

　事実だったのかどうかはもはや確かめようがないが、そう怒られたことは確かだ。イトマン事件について、「なにやら物騒な話」くらいの認識しかなかった新人記者は、解任されたとはいえ東証一部に上場する企業の社長が、乗用車のトランクに身を隠して自宅から出たという話を聞いて、初めて言いようのない恐怖を覚えた。

住銀・三和にとって首都圏進出は悲願

その後、乗用車のトランクに身を隠して脱出したとされた河村は高校卒業後に住銀に入ったと知った。基本的に大卒が出世する銀行で、高卒の人が天皇・磯田に可愛がられて住銀の常務にまで出世し、イトマンの社長にまでなったのはなぜか。大阪での取材歴が長い先輩記者に聞くと、こんなことを言われた。

「住銀の本店は大阪やろ。東京に本店を置く他の都銀に比べると立場が弱い。だから磯田さんは首都圏の店舗を一気に増やしたいという野望があったんや。でも当時の大蔵省の規制が厳しくて、店舗を増やすのはかなり時間がかかる。手っ取り早いのは銀行と合併して店舗をそっくりそのまま手にすることやってん。そんな時に、イトマンの河村さんが平和相互銀行の株式をぎょうさん手に入れ、住銀と平相を合併させた。磯田さんが河村さんを可愛いがるのも当然やわな」

平相は東京を中心にピークには百を超える支店を構えた相互銀行だった。創業者の小宮山英蔵は一方で、一族の息がかかった関連会社を続々と設立、平相は集めた預金をファミリー企業に融資し、多くを不良債権にした。

一九七九年に英蔵が亡くなると内紛が勃発。乱脈経営も明るみに出て一九八六年に事実上経営破綻した。住銀はこれを吸収合併して首都圏の店舗を拡充したが、先輩記者はこの合併にイトマンの河村が深く関わり、それもあって磯田と河村は抜き差しならない関係になったと言った。

住友銀行元取締役の國重惇史（故人）が書いた『住友銀行秘史』（講談社）という本がある。

いわゆるイトマン事件は同社の内情を暴露した内部告発状が発端となって明るみに出た。この内部告発状を書いたのは國重で、その張本人が住銀から見たイトマン事件の裏面史を描いたものだったこともあって大ベストセラーになったが、この中に住銀が平相を吸収合併した経緯が綴られている。それによると平相を欲しがったのは住銀だけではなく、三和も強い関心を示していたとある。

これが事実だとすると、筆者周辺の就活とわずかばかりのイトマン事件取材は細い線で結ぶことができる。戦後の銀行は大蔵省と日銀にがんじがらめにされていたが、八〇年代中頃から少しずつ「自由演技」が認められるようになった。そうした中で、住友銀行や三和銀行のような大阪に本店を置く銀行はビジネスチャンスが大きい首都圏ネットワークの充実を図ろうとした。

「今となっては信じられないだろうけれど、大阪に本店を置く都銀にとって首都圏進出は本当に悲願だったんだよ。三和が手塚治虫の描いた犬のキャラクターに『ワンサくん』という名前を付けてマスコットにし、アニメとして放映させたのは首都圏での知名度が低く、ほとんどの人が三和を『ミツワ』と読んだから。サンワという名前を覚えてもらうため、至るところで『サンワのワンサくん』って連呼した。そりゃあ涙ぐましいものだったよ」

（三和ＯＢ）

東京に本店を置く銀行には想像もつかない悩みがあった住友銀行や三和銀行に転がってきたのが平相の店舗網で、これを買収することは特急券を手に入れるようなものだったのだろう。もっとも店舗があってもそこで働く行員がいなければ意味がない。住友や三和にとって行員獲得は競争に勝つための必要条件で、なりふり構わぬ採用をしたのはこのためだった。

二十四時間戦っている間に日経平均が急落

バブルのころの銀行やバンカーはどんな感じだったのか。雰囲気を分かってもらうため、筆者は自分の周辺で起きた出来事を紹介してきた。あのころ感じた得も言われぬ浮ついた空気と同じニュアンスを持っていたのは三共（現第一三共ヘルスケア）が武田薬品工業（現アリナミン製薬）の「アリナミンV」に対抗して一九八八年に出した栄養ドリンク「リゲイン」のテレビコマーシャルだった。

黄色と黒は勇気のしるし
24時間戦えますか？
リゲイン、リゲイン、ぼくらのリゲイン
アタッシュケースに勇気のしるし
はるか世界で戦えますか？
ビジネスマン ビジネスマン、ジャパニーズ ビジネスマン

調べてみるとバブルを象徴するこのコマーシャルは八九年から九一年にかけてテレビで流れているが、ジャパニーズビジネスマンが二十四時間戦っている間に日経平均株価は急落している。第一波は九〇年一月四日から四月五日にかけて訪れていて、下落幅は約三〇％に達した。

株価はその後一時的に反騰したものの、七月二十日から第二波が始まり、三万三千五十五円からほぼ一本調子で下落、十月一日には二万二百二十一円を付けた。史上最高値が八

九年十二月二十九日の三万八千九百十五円だから、第二波までで約半値になったわけだ。「住銀の天皇」と呼ばれた磯田が会長を辞任したのは、日経平均がピークの半値にまで下落した日の約一週間後。これがきっかけとなって銀行の不祥事が相次いで明るみに出た。九一年夏には証券会社による損失補《ほ》塡《てん》が明らかとなり、日経平均は九二年八月十八日に一万四千三百九円まで下落した。

金融界にとって九二年八月十八日は歴史的な一日だった。同日夕方に大蔵省が株価対策や金融機関の不良債権処理策などを盛り込んだ「金融行政の当面の運営方針——金融システムの安定性確保と効率化の推進」を発表したからだ。これによって株価の暴落はようやく止まったが、累積下落率は六三％に達した。株式市場には株価が暴落した時の大底の目安として「半値八掛け二割引き」という格言があるが、八九年十二月二十九日の大納会から九二年八月十八日までの株価の推移はまさに格言どおりとなった。

このころの日銀総裁は三重野康である。後にバブルを退治したとして「平成の鬼平」という異名を取ったが、実際はバブルを野放しにした張本人でもある。ここでいう第二波襲来中、すなわち日経平均がピークの半値になる過程にあった九〇年夏に三重野は「国内景気は力強い拡大を続け、製品・労働需給の逼迫が一段と深刻になっている」「ここ数日の株価の下落は日本のファンダメンタルズからみてテンポが少し早すぎて心配している。しかし株価下落によって国内金融システムが不安定になるとは思わない」と発言、日銀は八月末に公定歩合を年五・二五％から同六％に引き上げている。

株価が経済の実態を正確に示しているとは思わないが、九〇年初めから秋にかけての下落は日本経済がおかしなことになっているという明らかなシグナルだった。そのさなかに通貨の番人である日銀トップは「まだ景気は良い」という趣旨のことを言った。

もっとも後になってから「実態を直視していなかった」といった批判を招くこうした言動を繰り返したのは、日銀総裁だけではない。銀行もバンカーも、いや世の中全体が環境激変に鈍感だった。例えば日経平均急落の第一波が襲来している時に社会へ出た先述の松田は、株式市場の動揺などどこ吹く風のバブルを象徴する経験をしていると言った。

俺はバンカーのくせにこんなことをやっている

配属されたのは三和の土浦支店。入行して時を置かず、三千万〜四千万円という大金をジュラルミンケースに詰め込んで支店の担当地域を軽自動車で走り回った。管内にあったATMに現金を補充するためだ。

「今なら警備会社の仕事かもしれませんが、それを行員が自らやった。しかも入りたての新人がです」

ある日、支店長代理から仙台への出張を命じられた。融資の担保となった土地を写真に収めてくるというのが仕事だった。支店長代理は「出張は休日にしろ」と言った。そもそも担保となった土地の周辺にも三和の支店はある。「近隣の支店に頼んで写真を撮ってもらえばいいじゃないですか」と言うと怒られた。「馬鹿野郎、うちの支店のお客さんなんだぞ」

支店ごとにノルマが与えられ、優れた業績を上げた支店は表彰された。それがボーナスに反映される仕組みだから、同じ銀行の仲間は実は身近にいるライバルである。こうした「個店主義」と呼ばれたカルチャーはどの銀行にもあるもの。支店長代理の叱責は「敵に塩を送るようなことをするな」というより、「そんなことも知らないのか」というものだったのかもしれない。

先にも登場した明治大学卒業生の話はもっと強烈だ。都下にある支店に転勤となったこの人の最初の仕事は預金集め。これがつまらないので辞めようかと考えていたところに新しい支店長がやってきた。先の住銀の河村と同様、高校を卒業して三和に入った人で、前任とは違って荒っぽい稼ぎ方を奨励した。

「蓼科《たてしな》にあるゴルフ場の会員権を売りました。行ったこともないハワイにあるゴルフ場の会員権も売ったな。そうそう生命保険も売りました」

明らかにバンカーの業務を超えた仕事をせっせとしたのは、会員権や保険を売るたびにキックバックがあったからだ。

「銀行に入った以上、真面目に生きなければならないと思ったんですけれど、それに息苦しさを感じたところに、『不良支店長』がやってきて変な営業をさせたわけです。それが嫌じゃなかった。学生なのにこそこそ煙草を吸っている感覚ですよ。『他人に大声では言えないけれど、俺はバンカーのくせにこんなことをやっているんだ』って思いましたね」

この人と松田には共通項がある。松田は土浦支店勤務の後、東京の赤坂や池袋の支店で三和と取引のない企業に飛び込み営業をかけて預金をしてもらったり、融資をしたりした。「法人新規」と呼ばれた仕事だ。一年ごとに評価される部署で、仮に前年の成績が良くても、今年が悪ければボーナスは上がらない。「当時銀行の中で最もしんどいといわれた仕事でしたから、さすがに敬遠する人が多かったですけれど、僕は志願して異動しました」と振り返る。

バンカーなのにゴルフ会員権を売っていた人もその後、都内にあった法人新規の仕事を選んだ。

「配属されて最初に『ヒゲを生やせ』と言われました。要するにその筋の人のような風体にしろということでした。迫力で商談をものにしろというわけです」

この作戦にはこんな狙いがあったという。いかつい恰好で営業に行く。お客さんは怖いから避けたいが、避ければ何をされるか分からないと考えて話だけは聞く。すると強面《こわもて》の営業マンが低姿勢で「預金や融資のニーズはありませんでしょうか？」と言う。お客さんは緊張が解け、話に乗ってくる。

「マンガのような話に聞こえるでしょう。でも結構うまくいったんですよ。そんなさなかに上司から『次は何がしたい？』と聞かれたので、『三和が手を付けられていない地域で法人新規がやりたい』と答えました。より過酷な法人新規がやりたいと言ったわけです。異動先は首都圏のベッドタウンにあった支店でした」

筆者も新聞記者としてネタをもっていそうな人の自宅へ押しかけてインターホンを鳴らした。「主人はまだ帰っていないんですよ」と家人に言われると、「じゃあ玄関先で待たせてもらいます」などと言ったものだったが、内心はびくびくしていたのが実態だった。

だから飛び込み営業を志願したという二人の勇猛果敢ぶりには感心するばかりだったが、この思いはひとまず横に置く。ここで注目したいのは日経平均株価が半値八掛け二割引きになるなど、株式市場がバブル崩壊を数字で示したタイミングと、銀行や銀行の最前線で働くバンカーがバブル崩壊を実感したタイミングにどれくらいの時差があったかだ。

大蔵省が「金融行政の当面の運営方針——金融システムの安定性確保と効率化の推進」を発表したのは九二年八月十八日。しかし松田らは九五年ころまで「これぞバブル」と言いたくなるような営業をしていた。だとすると、少なくとも約三年のタイムラグがあったことになる。組織が現実や環境の変化を直視して行動を変えるのには時間がかかる。だからタイムラグが生じるのは必然だが、三年もの月日が流れたのは、ひょっとすると銀行にはことさら前例踏襲というカルチャーが染みついているため、行動がかわるまでに時間がかかったのかもしれない。

それでも「出る杭」は打たれ、「横並び」が大事

さて松田の話には続きがある。本人は入行六年目も絶好調で、三年連続が確実な情勢だったが、法人新規外交賞は同じ支店の同僚の手に渡った。「同僚の成績が僕よりも良かっ

たのなら仕方がありませんよ。でもあの時、僕は同僚の実績が書いてある紙をたまたま上司の席で見ちゃったんです。全然大したことなかった。僕の方が上でした」

釈然としない松田が上司に「本当は自分がもらうべきではないのか」と尋ねると、こんな返事が返ってきたという。「確かに君の方が成績は良かった。三年連続で賞を取れば、君は同期トップで支店長代理に昇格するだろう。でもここで賞を取ったら、成績が上がらない人の気持ちが分からない人間になってしまう。これは親心なんだよ」

松田はずばぬけた営業成績を挙げたのに素直に評価されなかった。本人は「同期が五百五十人いて、そのうち一割が最初に支店長代理になりました。トップで昇格しなかった理由がいまだに分からない」としか語らなかったが理由は想像できた。

時代が変わって自由化や競争という価値観が入ってきても、銀行は相変わらず上意下達が徹底して守られる組織であり、その中でバンカーが生き抜いていくには独創性よりも横並びが大事。だから松田のような「出る杭」は打たれたのではないか。

松田の話でもう一つ興味深かったのは「横並び」だ。

「飛び込みで新しい融資先を見つけたとするじゃないですか。ちゃんと人間関係を築いて相手の信用力もだいたい分かった。後は稟議書を書いて、融資のゴーサインをもらうだけっていうところまでお膳立てしても、上司がクビを縦に振らないなんてことがある。前例がないからです。こっちは当然、『ここまでやったのに諦められるか』と思いますよね。何とか融資をしようと思ったらどうするか。簡単ですよ。上司に『あそこは住友も貸し出そうとしています』と言えば良かった」（松田）

　バブルのころは、そんな銀行やバンカーの体質を逆手にとった取引先も少なくなかった。元バンカーはこんな思い出話を語る。

「渋谷のセンター街にあるとはいえ猫の額ほどの土地ですよ。そこの地主が『これを担保にいくら貸し出せるか？』と聞いてきたことがある。仮にビルを建てても狭いから賃料は限定的。だから『うーん』って唸ると、『うちのメーンバンクなのにそんな態度でいいのか？　富士銀行は五億出すと言ってきたぞ』とか言うので仕方なく……」

　プラザ合意があった一九八五年前後から銀行には自由化や競争という新しい価値観が入り込み、銀行やバンカーは大きく変わった。もっとも銀行が恐ろしいほど上意下達で、出る杭を打つ組織であることや横並び意識が強いことは昔のまま。それがバブルのころの異様な競争を招いた。

変わらなかったことがもう一つある。間接金融から直接金融への移行という流れは米国でも起きていて、これに伴い八〇年代から九〇年代にかけて間接金融の担い手である商業銀行と直接金融の担い手である投資銀行の存在感は逆転している。日本でも同じように直接金融が影響力を強めたのだから、証券会社が米国の投資銀行のように幅を利かせてもよかったはずだが、筆者が所属していた新聞社で「大蔵省の四階」を長年取材していた先輩記者はこう述懐する。

「六四年に開かれた東京オリンピック前後に証券界は盛んに『銀行よさようなら、証券よこんにちは』というキャッチフレーズを口にした。証券会社にとって銀行を超えた存在になるというのは悲願だったわけ。八〇年代後半のバブルは千載一遇のチャンスだったけれど、そのさなかに特定企業に利回りを約束したり、損をさせたら穴埋めしたりしたことが明るみに出た。いわゆる証券不祥事は世間に『証券会社は銀行に比べて行儀が悪い』という強い印象を与えた」

慢性的な資金不足が続くなかで成長を遂げるため、集めた資金をどこに貸すか。戦後から高度成長期くらいまで、銀行は日本の成長を陰で支えたが、それが力の源泉となってバンカーの社会的地位を高めた。オイルショックやバブルは銀行やバンカーがその立場から降りるきっかけとなりそうな出来事だったが、「ライバル」の最右翼だった証券会社が自ら引き起こした不祥事で躓《つまず》いたため、直接金融が盛んになったのに、日本では産業界の扇の要に銀行が鎮座する構図は変わらなかった。

まとめ

① プラザ合意があった一九八五年前後に銀行へ「自由化」と「競争」という価値観が入り込んだ。これにより常に礼儀正しく、ともすれば杓子定規なイメージが強かったバンカーが解き放たれた。

② バンカーは自由を謳歌したがはき違えた。ルールを逸脱しない限りは何をやっても良いと解釈したのだ。特に採用活動でなりふり構わぬ行動に出た。そのうちルールを逸脱した犯罪行為も起きた。

③ ルールを逸脱した乱暴な営業が横行したのは、「上意下達」と「横並び意識」というカルチャーが銀行に根強くあったため。行内には「他に負けるな」「他もやっている」という考えが常に付きまとい、異様な競争が繰り広げられた。

④ 日経平均株価は一九九二年八月十八日に一万四千三百九円まで下落した。バブルは

明らかに崩壊していたが、大蔵省は崩壊を素直に認めようとしなかったこともあってバンカーの勇猛な営業は継続。それが武勇伝のように扱われた。

光進グループ・小谷光浩と蛇の目TOB

筆者が新聞社に入社して大阪で記者人生をスタートさせたのは一九九〇年だった。年明けから日経平均株価は急落したが、世の中全般にとって株価の変調はどこ吹く風で、まだバブルの熱狂に酔いしれていた。そんな年の十月七日に住友銀行（現三井住友銀行）の天皇と呼ばれた磯田一郎が突如辞任を発表したことは先述した。

世間が大騒ぎし、今なお数多くの謎を残すイトマン事件の報道は、磯田の辞任表明前後から喧《かまびす》しくなった。だから磯田辞任という三十年以上前の出来事の原因について、多くの人が「イトマン事件の責任を取って辞めた」と思うのは無理からぬ話だが、実際は違って、磯田は辞任理由を他に求めた。発表二日前の十月五日、仕手集団・光進の代表だった小谷光浩に対して顧客を紹介したとして、住銀の青葉台支店長が出資法違反容疑で逮捕された。

磯田はその責任を取って辞めると言ったのだった。

小谷とは何者だったのか。

その存在が知られるようになったのは一九八六年ごろで、東京証券取引所がある東京・兜町界隈では「謎の仕手集団コーリン（のちの光進）グループの総帥」という枕詞が付いた。「謎」だの「総帥」だのと仰々しい小谷の一挙手一投足が株式市場の関心を集めたのは、光進グループが国際航業や蛇の目ミシン工業（現ジャノメ）、藤田観光、協栄産業、東洋酸素など複数の上場企業の大株主となり、株主権を乱暴に行使したからだった。

このうち蛇の目は株式市場に翻弄された銘柄として知られる。ひょっとすると本業よりも、そちらの方が有名かもしれない。最初に話題になったのは一九八三年だった。ベアリングメーカーのミネベア（現ミネベアミツミ）が日本で初めてとなるＴＯＢ（株式公開買い付け）を仕掛けようとした相手が蛇の目だった。

陣頭指揮を執ったミネベア社長の高橋高見は日本でＭ＆Ａの歴史の扉を開いた人物といって良い。今でこそＴＯＢはＭ＆Ａの一手法として定着しているが、一九八〇年代まで、日本で経営権の取得に至るようなＴＯＢはなかった。

駆け出し記者だった筆者に取材のイロハを教えてくれた先輩で、ジャーナリストの永野健二は自著『バブル――日本迷走の原点』（新潮社）でこう書く。

「メインバンク制と安定株主の構図のなかで、いくら企業がＴＯＢを行使しようと考えても、経営支配に必要な株数を、合理的な価格で取得することが不可能な状況が続いていた」（P.74～75）

その壁を突き破ろうとしたのが高橋で、舞台としたのが蛇の目だった。

もっともミネベアによる蛇の目へのＴＯＢは幻に終わった。蛇の目と、同社のメーンバンクである埼玉銀行（現埼玉りそな銀行）に隠然たる力を持っていた政商、そしてロッキード事件でその名が知られることとなった国際興業の小佐野賢治が時の大蔵大臣の竹下登に働きかけ、竹下がＴＯＢにノーを突き付けたからだったといわれる。

高橋の野望は未完で終わった。その高橋にとって代わる形で蛇の目ミシン株の買い占めに乗り出したのが小谷だった。蛇の目株を巡る小佐野との攻防は小谷が仕掛けた大型仕手戦の初陣といわれた。

兜町界隈で小谷の存在が知られることとなったのは一九八六年ごろと書いたが、その時、小谷は蛇の目の発行済み株式の三割近くを押さえていたという。先の永野は著書『バブル』で、政商・小佐野は小谷に自ら接触し、「(蛇の目株を) いくらでも買ってみろ」と挑発した、と記している。しかし「小谷はその売りを受け切った。小佐野は86年10月27日に没する。蛇の目株をめぐる小谷との争いが、小佐野の死期を早めたという見方さえあった」(『バブル』P.199)。

まるでドラマのような展開だ。

小谷が語った「住銀は心のふるさと」

小谷は仕手戦で小佐野と渡り合ったほどの「大物」である。そんな男が付き合ったバンカーが旧住友銀行青葉台支店長の山下彰則だった。この山下が逮捕されたので、収益ナンバーワンだった旧住銀の会長が辞めた。蛇の目を巡る攻防から旧住銀のドン退任までのストーリーに登場する人物には「格」に大きな違いがある。理解するには補足が必要だろう。

山下が住銀青葉台支店に支店長として赴任したのは一九八八年。バブル最盛期といっても良い時期だ。青葉台支店の営業エリアには裕福な地主が多数いた。山下はそうした地主に小谷を引き合わせ、小谷が保有する株式を買わせた。地主の株式購入資金はノンバンクが担ったが、それを紹介したのも山下だ。

山下は週刊東洋経済二〇一七年五月二十日号でこう語っている。

「銀行の営業で課せられるノルマは（中略）個人向けの住宅ローンや富裕層に対するアパートローン（賃貸住宅の建築資金などに充てる）が中心となった。銀行は利益を上げられるスキームをさらに模索していき、ノンバンクを利用した協力預金などをこぞって行うようになった」

出資法第三条は金融機関の役職員が自己または金融機関以外の第三者の利益のために融資の仲介や斡旋することを禁じている。いわゆる「浮き貸し」の禁止だ。検察は地主がノンバンクから借りたカネを小谷に融資したことを問題視、口利きをした山下を逮捕した。

その山下は一九八四年ごろに新宿新都心支店で勤務していた。新都心支店は新設店。ありきたりの営業活動では成績が上がらないため、資金ニーズが大きな不動産業を営んでいた小谷に目をつけた。これを後押ししたのが当時、住銀の副頭取だった西貞三郎だ。

西は高校を卒業して住銀に入行、その後、関西大学の夜間学部に入った。イトマン社長を務めた住銀元常務の河村も高校卒業後に住銀へ入行、働きながら関西大学の夜間に通った。共に大学卒業は入行後だったため、二人は「ノンキャリの星」と呼ばれたが、いわば高卒でも副頭取や常務へ出世したことは、住銀の実力主義を裏打ちすることにもなった。

西と河村を重用したのが「向こう傷は問わない」という言葉を残した〝天皇〟磯田だ。西や河村が登場することで小谷と山下、磯田がどういう関係にあったのかは何となく分かるだろう。ちなみに磯田が会長を辞めて取締役相談役に退いたのは九〇年十月十六日だったが、西も同日付で副頭取を辞任している。

ついでに指摘すると、バブルを振り返る記事や書籍には、しばしば小谷が語ったとされる「住銀は心のふるさと」というセリフが登場する。謎多きバブル紳士が大手都銀と親密な関係にあったことを見事に表現した名言を引き出したのは、先述したジャーナリストの永野である。

著書『バブル』によると、永野はバブルを象徴する一人だった小谷を資金面で支えていたのが誰なのかに関心があった。小谷に初めてインタビューをした際に「仕手戦の持続性を考える上で金融力は大切ですね」と聞くと、小谷は唐突に「私の商売の原点であり、心のふるさとは住友銀行ですよ」と言ったという。

話を元に戻す。小谷は一九九〇年七月、藤田観光株の株価操縦をしたとして証券取引法違反容疑で逮捕され、さらに一九九一年三月には蛇の目に対する恐喝容疑で再逮捕された。

このうち蛇の目を巡る事件のあらましはこうだ。小谷は一九八七年に蛇の目の筆頭株主になったものの、株式購入資金を用立てたノンバンクから返済を求められた。そこで一九八九年四月以降、蛇の目の経営陣に株式の高値買い取りを要求、応じなければ暴力団に売り渡すとした。経営陣に自社株を買わせ、その資金を返済に充てようとしたわけだ。そこで蛇の目はメーンバンクである埼玉銀行に相談。担当幹部は蛇の目本社屋の土地を抵当に取るなどして小谷側に迂回融資した――。

国際派バンカー・梁瀬行雄に垂れ込めた暗雲

不動産や流通株を買い占めた秀和の小林茂、国内外の不動産を買い漁った麻布建物の渡辺喜太郎やイ・アイ・イ・インターナショナルの高橋治則（東京五輪の招致をめぐる汚職で逮捕された元電通専務、高橋治之の弟にあたる）……。今ならば信じにくい話だが、「バブル紳士」と呼ばれたこれらの有名人は、それぞれが堂々と大手銀行と渡り合い、巨額資金を動かした。そこには本来なら銀行とは縁遠い存在だったはずの暴力団の影もちらついた。小谷と埼玉銀行の関係もその一つである。

その埼玉銀行から小谷が舞台に選んだ蛇の目に出向し、事態の処理にあたったのが梁瀬行雄だ。梁瀬はその後、あさひ銀行（現りそな銀行）頭取やオリックス社長を歴任したが、バブルに最も人生を左右されたバンカーの一人と言っても良い人物で、彼が当時どんな経験をして、何を思ったのかは傾聴に値する。

「蛇の目に出向したのは一九九二年だった。小谷は逮捕された後だったけれど、片付けなければならないことが山積していた。訳の分からない小切手や伝票をみなくちゃいけなくて大変だったよ。外を歩く時は気を付けろとか、電車のホームではなるべく内側に立てとか言われた」

「銀行に入ってから、そんな危なっかしい仕事なんてしたこともなかったのに、蛇の目へ出向することになったのは、十年ぐらい上の先輩で先に出向していた人が写真入りで週刊誌に載ってしまったためだった。『後任にはお前が良いと思って蛇の目には履歴書を送っておいたよ』って。それだけで場違いな仕事場に送り込まれた。酷い話だよ」

新宿新都心支店→銀座支店→青葉台支店と転勤しても小谷というバブル時代の寵児を上顧客としてずっと抱え込み、荒っぽい手口でノルマを達成していたのが住銀の山下だった。三十年以上前、そんな山下のようなバンカーがそこここにいたのは事実で、彼らの武勇伝がバブルのころの銀行でありバンカーの実像であると語られることは多い。

しかし当時のバンカーがみな山下のようだったかといえばそれは違う。破天荒なバンカーはほんの一握り。ほとんどは戦後から一九八〇年代前半まで続いた規制金利の元で上司の言いつけを忠実に守り、前例をとことん踏襲するバンカーのDNAをしっかりと引き継いでいた。梁瀬は間違いなくその一人で、入行してから蛇の目ミシンに出向するまではただひたすらに旧来型エリートバンカーの道を歩んでいた。

梁瀬が早稲田大学を卒業して埼玉銀行に入行したのは一九六八年。埼玉銀行の営業基盤では多くの畑が住宅や工場へと姿を変えていた。地主が土地を売却して手にしたおカネを預かり、それを工場主に貸す。銀行は当時旺盛だったそうした資金のやり取りの中心にいて、せっせと信用創造に励んでいた。

「就職する時、『人の役に立つ仕事に就こう』と思ったんだ。ありきたりだけれどね。出身が埼玉県だったから埼玉銀行。地域社会のインフラになっているというイメージがあったな。私には兄弟がいなくて、病弱だったおふくろの面倒もみなければならなかった。だから転勤がまずないであろう埼玉銀行にしたという面もある」。もっとも梁瀬は「転勤しなくて済む」という理由で埼玉銀行へ入ったが、入行三年目に行内試験を突破、米国の銀行で研修を受けることになった。当初の目論見からは大きく外れた。

　インタビューで梁瀬は研修を受けるために渡米する直前、行内で開かれた〝出陣式〟の様子を語った。それを聞いて筆者が笑ったのは梁瀬の語り口が面白かったこともあるが、その中身たるや我々が「銀行」や「バンカー」という言葉を聞いて頭に思い浮かべる映像そのものだったからでもある。

「出陣式が開かれたのは頭取室で、頭取から直々にネクタイピンを渡された。行内試験を突破した合格証書代わりだったんだろうなあ。そのセレモニーが仰々しいったらなかった。なにしろ役員が全員頭取室に集まって一列に並んでいるんだから。頭取からネクタイピンを賜るのに、若造が直立不動の役員の前を通らなければならない。嫌だったな」

　ところが、そんな儀式を経て着任した米バンカーズ・トラスト（現ドイツ銀行）の雰囲気は正反対だった。同行には週に一度、役員とランチを共にする習慣があったが、そこに時々出席した頭取はニコニコ笑い、「よっ、元気でやってる？」などと言いながら肩を組んできたという。日本とは全く違う雰囲気だった。

　この研修をきっかけに、梁瀬は行内で国際畑の人材と目されるようになった。おかげで日本国内のバブルとは距離を置く立ち位置を確保したはずだったが、一九九〇年代に入るとそのキャリアに図らずもバブルが忍び込んできて、ついには蛇の目へ出向となった。キャリアに暗雲が垂れ込めた最初は一九九〇年十一月に発表された協和銀行との合併（合併は一九九一年四月）だ。

「合併はロサンゼルス支店長だった時に聞いた。相手が協和銀行と聞いて驚いたよ。どちらも下位都銀としてしのぎを削ったライバルだったからねえ。『よりにもよってなんで協和なんだよ』って思った」

銀行を辞めるまでは頭を下げっぱなし

合併で梁瀬がいた埼玉銀行ロサンゼルス支店は協和銀行ロサンゼルス支店と統合することになった。当時の協和のロサンゼルス支店長の在任期間は長かったが、梁瀬はわずか九カ月。順番を考えれば協和の支店長が帰国、自分は続投すると梁瀬は思っていたが、結果は逆で、自身に帰国命令が出た。当時の協和の頭取がロサンゼルス支店長経験者で、本人が「協和の支店を存続させたい」と言ったからだったという。ここに、合理性を欠いていても偉い人が言ったことは正義となる銀行らしさが出ている。

梁瀬は人事部に「急な帰国なのでポストが用意できない」と言われてひとまず検査部に

三カ月留め置かれ、その後、浅草支店長となった。それもつかの間、蛇の目へ出向となった。考えてみれば流転のきっかけは合併である。梁瀬は再編にますます不満を募らせることになったが、申し入れたのは埼玉銀行だったとされる。

小谷が一九九〇年七月に藤田観光の株価操縦で逮捕されたことは先述したが、それをきっかけに光進と埼玉銀行の抜き差しならない関係が表面化、埼玉銀行の信用は失墜した。協和銀行との合併はこの難局を乗り切る苦肉の策だった。バブルとは縁遠かった梁瀬がはっきりと渦に巻き込まれたのは蛇の目に出向した一九九二年だが、その蛇の目と光進の〝蜜月〟が埼玉銀行と協和銀行の合併を招き、それが国際派・梁瀬のバンカー人生を変えたという経緯を考えると、梁瀬のバンカー人生の分岐点は本人が意識していたかどうかはさておき、一九九〇年だったといっても良いだろう。

「出向した時、取引銀行はどこも債権回収に躍起になっていた。蛇の目への融資をつなぎとめるのが私の仕事で、銀行を回っては頭を下げ続けた。それなのにメーンバンクから乗り込んできた人間だからという理由で社内では針の筵《むしろ》。役員会には二十人くらいが参加したけれど、みんなに無視されて、味方は一人もいなかったなあ」

一呼吸おいて梁瀬はこう呟いた。

「しかし、いま考えると、それから銀行を辞めるまでは頭を下げっぱなしだよ」

梁瀬は規制金利時代に埼玉銀行へ入り、難関の行内試験を突破して米銀で研修を受けたエリート。思い描いていた自画像は社会的地位が高く、周囲からは羨望のまなざしでみられる生活だったのだろう。少なくとも頭を下げっぱなしの人生ではなかったはずだ。しかし埼玉銀行が人知れず首を突っ込んでいた闇の世界が表面化、その尻ぬぐいをさせられた。

本章はバブルが崩壊して間もなくのころまでの銀行やバンカーに焦点を当てるつもりだ。その後に訪れた金融大再編時代の銀行やバンカーの様子については基本的に後の章に譲るが、梁瀬についてだけはその後約十年間の足跡を追うことにする。梁瀬の歩みを一気通貫で辿ると、当時の銀行やバンカーがいかなる存在だったのかが鮮明になるからだ。

子供はみなメーカーを就職先に選んだ

埼玉銀行と協和銀行が合併して一九九一年に誕生した協和埼玉銀行はその後、あさひ銀行に名称を変更した。一九九八年には東海銀行（現三菱ＵＦＪ銀行）との経営統合を発表し、そこに二〇〇〇年、三和銀行（現三菱ＵＦＪ銀行）が加わった。しかし交渉の過程で三和銀行と東海銀行が持ち株会社方式ではなく、合併による統合を提案。三和銀行に飲み込まれると考えたあさひ銀行は三行の輪からの離脱を決めた。

「三行統合からの離脱もこれまた結構酷い話でね。当時頭取だった伊藤龍郎さんが突然、『やーめた』と言い出してご破算になった。その頃、私は蛇の目から戻って企画担当役員をやっていたんだけれど、後始末をさせられたんですよ」

梁瀬が言うところの後始末は綱渡りだった。二〇〇一年九月期決算から時価会計が導入されるのを前に、格付け会社のスタンダード＆プアーズが同年六月、同じく格付け会社のムーディーズが七月にあさひ銀行の格付けをそれぞれ引き下げた。信用補完が急務になったあさひ銀行は七月に東京三菱銀行（現三菱ＵＦＪ銀行）に包括提携を要請したものの固辞された。次に千葉銀行と横浜銀行に統合を打診したが流れた。ついには業態の異なる日興証券を頼ったが、これも沙汰やみになった。

九月九日、テレビ番組でのちに東京都知事となる舛添要一と評論家の田原総一朗があさひ銀行を批判、舛添は「このままでいくと来年三月には潰れる」と言い、田原は「（あさひ銀行は）良くない銀行」などと発言した。取り付け騒ぎこそ起きなかったものの株価は大幅に下落。あさひ銀行はこれに猛抗議をしたが、二日後に海の向こうで米同時多発テロが起きて、その対応を優先しなければならなくなった。

九月二十一日、あさひ銀行は大阪に本店を置いた大和銀行との経営統合を発表。東海銀行との経営統合に三和銀行が乗っかってきたことに始まった「流浪の旅」は曲折を経てようやく終わろうとしていた。企画担当役員だった梁瀬にとって再編相手が決まったことは、この上なく「やれやれ」だったはずだが、「酷い話」はこれで終わらなかった。翌十月に伊藤が突然、「次はお前がやれ」と梁瀬を後継者に指名したからだ。

「すぐに取締役会が開かれてそのまま記者会見になだれ込んだ。伊藤さんからの引き継ぎは記者会見の最中にやったようなものだったよ」

あさひ銀行は二〇〇一年十二月、大和銀行と近畿大阪銀行、奈良銀行が一緒になって誕生した大和銀ホールディングス（ＨＤ）と経営統合し、二〇〇三年三月にりそな銀行となった。しかし直後に資本不足が指摘され、わずか二ヵ月で実質国有化、梁瀬は経営責任を取ることになった。同年六月の株主総会後にりそなＨＤの社長に就く予定だったが辞退。退職金も放棄することになり収入が突然途絶えた。梁瀬のバンカー人生が奈落の底へ落ちたのを見たせいか、三人の子供はみなメーカーを就職先に選んだという。

銀行で教わったことで役に立たなかったことはない

梁瀬の約十年間の足跡を辿ってみると、「頭を下げっぱなしだった」という表現は決して大げさではない。おまけにさんざん頭を下げたのにバンカー人生の最後が報われたという話でもない。バブルが崩壊して以降、筆者は数多くの記者会見に出席し、首を垂れる経営者を見てきたが、梁瀬の経験はかなり特異な部類に入る。表現は不適切かもしれないが、「もらい事故」の側面が強いからだ。それは自身のあずかり知らぬところで進んだ野放図な経営のせいで会社の歴史に終止符を打つことになったのに、幕引き会見の当事者となり、図らずも号泣した旧山一證券社長、野沢正平に通じるものすらある。

　あさひ銀行は都銀とはいえ下位に甘んじた銀行。体力に限りがあったため市場の圧力に晒されるのも早かった。それもあって梁瀬がインタビューで「酷い話だよ」と言うたびに同情したのだが、こんなことも言った。

「振り返れば銀行で教えてもらったことで役に立たなかったことなんて一つもないよ」

　企画担当役員として複数の銀行に信用補完を狙いとした提携を申し出たものの、ことごとく断られた。テレビ番組で取り付け騒ぎが起きてもおかしくないようなことを言われ、株価は大暴落した。あさひ銀行の存続は綱渡りで、生きるか死ぬかの毎日を送った。挙句の果てが泥船の船長就任。それなのに梁瀬は「そんな経験をしたおかげで人間はどんなに悩んでも一晩寝れば頭の中で次にやることが整理されているという不思議な体験をした」と言う。

りそなHD社長就任を目前にした退任をこう振り返る。

「確かに悔しい思いもした。だけどその頃、かつて勉強会で一緒だった人と会ったんだ。その人は定年後にヘブライ語を学んで浅草で牧師になり、自分の年金を教会に注ぎ込むような生活をした。そんな奇特な人が『大変でしたね。でも人生のだいご味を味わったんじゃないですか』と言った。僕は金融危機下で舵取りをして、銀行を潰さないように奔走したんだ。男子の本懐かもしれないよね」

規制金利時代に入行し、間違いなくエリート街道を歩んでいた梁瀬は運命のいたずらに翻弄され、バブルの後始末の先頭に立たされることになった。それでも辿ってきた道を肯定的に捉えられたのは梁瀬の人柄によるところが大なのだろうが、前例に囚《とら》われることなく、自分で考え抜いた道を歩むのであれば、後悔なきバンカー人生を送れるということを示唆しているような気もする。

あさひ銀行と東海銀行、三和銀行が一緒になろうとしたものの、当時頭取だった伊藤が

「やーめた」と言い出したのでご破算になったことは先述したが、当時について、梁瀬はインタビューでこんなことも語った。「大蔵省には散々怒られた。あの時のものの言い方は今でも思い出すな。そもそも監督官庁だから上から目線なんだけれど、思った以上に高圧的だったのは私が早稲田大学卒業という学歴だったからだと思う」

「ある」と公言する会社は一社たりともないが、現実に存在するのが学閥。特に銀行にはその傾向が強かった。監督官庁である大蔵省や日銀の担当者のほとんどは東大か京大出身。金融界はカウンターパートとの密なコミュニケーションが特に必要とされる業界だったため、頭取を含む経営の中枢は東大か京大出身者が望ましいとされた。早稲田出身の梁瀬が私学出身をことさら嘆いたのは無理からぬ面がある。

「蛇の目から戻って企画担当になった。そうしたら他の都銀の企画担当役員との定期的な集まりがあると言われて、それに出なければならなくなった。仕方ないから足を運んだよ。途中、参加者が雑談で学生時代を振り返ったりするんだけれど、東大を出ていることが前提の話なんだ。ついていけるわけないじゃん。彼らと話していると言葉の端々に『私学出身のくせに』っていうニュアンスがあった気がするな」

〝異端〟國定浩一を一躍有名にした住専問題

そのあさひ銀行と経営統合した大和銀ＨＤの前身となる旧大和銀行（現りそな銀行）で専務まで上り詰めた國定浩一は、東大法学部出身で企画担当役員も務めた人物だ。梁瀬の言い分に従えば「本流の人」だが、バブル崩壊後の行動は異端以外の何物でもない。バンカーを卒業、ヤメ銀になった後は、民放の情報番組にコメンテーターとして長年出演し、人気を獲得した異色の人物でもある（二〇二四年一月二十四日逝去）。

「確かに東大法学部ですわ。せやけど一浪やったし、成績がごっつう悪かった。就職するのにお役所なんて到底無理。しゃーないから民間へ行こかいうて友達といろんな会社を回った。でもどこへ行っても『お前、成績悪いなあ』言われてなあ」

國定によれば一緒に会社訪問した友達が桃尾重明だった。二〇〇〇年に会社更生法の適用を申請した長崎屋や、同じく二〇〇三年に会社更生法の適用を申請したハウステンボスで更生管財人を務めるなど、企業再生の分野ではよく名の知られた弁護士だ。

「桃尾とは仲良かってん。二人で会社訪問したけどどこもあかんかった。で、『もうどこもないで』って言っとった時に桃尾が『司法試験に受かったでえ』って電話してきて、ほなわしゃどないすんねんと。大声で言えへんけどな。大和銀行は縁故で入ったんや」

相手が誰であろうとこうした話ぶりで人を惹きつける國定を一躍有名人にしたのは、住宅金融専門会社（住専）の処理を巡る大蔵省と農林水産省、銀行、農林系金融機関の暗闘だろう。本人も「バンカー時代最大の思い出は住専やったかな」と振り返る。

バブル崩壊直後に金融界が向き合った「後始末」は大きく言って二つある。一つはイトマン事件や蛇の目のように闇の勢力がからんだ融資の整理。もう一つは住専問題だが、この問題とはそもそもどんなものだったのか。

一九七〇年代に入って国民生活には余裕が生まれ、持ち家願望が高まった。しかし銀行の主な貸出先は企業のままで、住宅資金需要に応じる体制になっていなかったのが実態だった。そうしたなか、大蔵省の勧めもあって金融機関が共同出資で設立したのが住専。住専は銀行に代わって個人に対する住宅ローンの提供を手掛けた。

もっともその存在意義は一九八〇年代中ごろに変わった。先述したように、企業が直接金融で資金を調達するようになって存在感が薄れた銀行が住宅ローンに活路を求めるようになったからだ。主戦場にしていた領域から押し出される形となった住専は、住宅開発業者や不動産業者への融資へ傾斜していった。当初、こうした住専の転身は成功したように見えたものの、バブルの崩壊で事業者向け融資が一気に不良債権化した。

一九九五年八月、大蔵省は経営悪化が顕著になっていた住専七社（住専は八社あったが、このうち農林系と呼ばれた住専一社を除く）の立ち入り検査に入ったところ、総資産の約半分にあたる六兆四千百億円が不良債権であることが判明した。同年十二月、政府は①六兆四千百億円の損失については農林系を含む金融機関が分担処理し、住専七社は消滅させる②地価がさらに下落すると、損失はさらに膨らむ可能性がある。このため残余資産を継承する機関を作り、その借り入れには政府保証を付ける――という方針を示した。

ちなみに②は不良債権処理に公的資金を使うという意味である。その額六千八百五十億円。これに当時野党だった新進党が反発した。同党がピケ戦術をとるなど荒っぽい行動に出たため、一九九六年一月二十二日から六月十九日まで開かれた第百三十六回国会は後に「住専国会」と呼ばれた。

ところで住専国会が始まる直前の一九九六年一月十一日に村山富市内閣は総辞職している。これは村山首相が住専国会を乗り切ることに不安を覚えたのが一因とされるが、後を受けた橋本龍太郎首相は施政方針演説で不良債権という言葉を使った。

実は日経平均株価が急落した九〇年時点の海部俊樹内閣から村山内閣まで、施政方針演説で不良債権という言葉が使われたことはなかった。「失われた二十年」「失われた三十年」といわれる日本経済の低迷を引き起こした最大の原因は不良債権問題だが、時の内閣がこの問題を初めて公に認めることになったきっかけは住専だったということになる。

これが住専問題の概要だが、問題を解決する上では公的資金の導入以外にも大いにもめたことがある。先述の①、すなわち六兆四千百億円を誰が負担するかだ。

大立ち回りを演じた「日住金」再建策会議

考えられた方法の一つは、金融機関が住専に貸した金額の比率に応じて負担するというもので、「貸し手責任」と呼ばれた。これに従うと住専設立に関わった母体行は二七％、一般行は三〇％、農林系（農協の仕事の一つに貯金業務があり、その運用先として住専への融資があった）四三％で、農林系は二兆七千五百億円を負担しなければならなかった。

これに対して農林系は住専を設立した母体行が全面的に負担する「完全母体行主義」を主張。両者の意見は一致を見なかったため、「修正母体行主義」という考えが浮上した。これは母体行が自ら貸し出した三兆五千億円を放棄、残る二兆九千億円のうち一兆二千億円を農林系が負担するというものだったが、農林系は五千三百億円しか負担する能力がないと強硬に主張したので六千八百五十億円の公的資金投入が取り沙汰されたのだった。

住専問題が火を噴いたのは一九九五年から一九九六年にかけてだが、損失負担を巡る銀行と農林系のバトルは一九九三年にもあって、これが住専問題第一幕だったといえる。この時の争点は経営難に陥っていた住専に対する貸出金利をどうするか。最終的には母体行が金利をゼロにし、農林系は四・五％に引き下げることで決着したのだが、最初に金利減免を議論する対象になった日本住宅金融（日住金）の再建を巡って関係金融機関は大いにもめた。國定が大立ち回りを演じたのはその会議の場だった。

「まだ携帯電話がほとんどなかった時代やったけど、三和の担当者の前に、でっかいのが置いてあった。担当者は『三和の本店に連絡するために置いている』と言っとったけど嘘。電話を繋ぎっぱなしにして、会議の様子を大蔵省に中継しとったんや。わしゃ三和のやつらに向かって『お前、電話の先は本店ちゃうやろ。霞が関やろ』と言って、電話の向こうに聞こえるような大きな声で、『大蔵省の偉い方、聞こえますかあ。こんな処理策は将来に禍根を残すからあきまへんでえ』と叫んだんや」

國定のセリフを解説する。日住金は住専の最古参で、元大蔵官僚の庭山慶一郎と三和銀行、クレジットカード会社のジェーシービー（ＪＣＢ）が中心となって設立された。銀行では三和のほかに、さくら銀行（現三井住友銀行）、東洋信託銀行（現三菱ＵＦＪ信託銀行）、三井信託銀行（現三井住友信託銀行）など九行が出資、大和銀も株主として名を連ねていたが、設立の経緯もあって三和とそれ以外の銀行には温度差があった。

会議の当初、各行の担当者はいずれも國定に同調、三和が示した処理策に反対した。しかし、しばらくして國定にとって同志だったはずのバンカーの一人が「ちょっと失礼します」と言って廊下に出て行った。十分ほどして戻ってくると、それまでの勢いは鳴りを潜め、何も言わなくなった。間をおいて今度は別な一人が席を外した。戻ってくると、やはりしゃべらなくなった。

「後になってわかったんやけど頭取や副頭取からあいつらのところへ電話がかかってきて、『もう折れろ』と言われたんや。大蔵省が頭取とかに手をまわしたんやろ。仲間が一人消え、二人消え。最後はわしだけになってしもた」

國定がそこまで反発したのは日住金への融資条件を貸し手の属性に応じて変えること、つまり母体行は金利をゼロにするのに、農林系は四・五％にとどめることに納得がいかなかったからだ。大蔵省も当初は関係金融機関が損失を等しく分かち合う処理策を考えていたが、農協系の監督官庁である農水省と族議員が激しく反発したため、銀行の負担を増やそうという考えが優勢になったのだという。

「大蔵省が農水省との交渉に失敗したからといって、農林系が抱えたツケをわしらが負担するなんておかしいやないか。しかし農水省が譲らない。それで大蔵省は三和に『銀行団の負担を増やすという話をまとめろ』と言ったんや。三和にしてみたら大蔵省の思惑どおりにすればその後ええことがあると思うわな。『へいっ』ってなもんや。腹立つわ」

一九九五年から一九九六年にかけて検討され、その後実行された住専の抜本処理策には金融機関と農林系に大きな負担の違いがあるが、その起点になっているのはこの一九九三年の交渉だ。そこで國定が放った「将来に禍根を残す」という発言は現実となった。

もっとも、かくいう國定も最後には折れた。午後十一時ごろ、当時大和銀の会長だった安部川澄夫から「ご苦労さん。よう頑張った。もうええぞ」という電話が入ったからだ。

「悔しいから会議に臨んだ仲間には『今すぐは折れへんけど十二時まで粘って終わりにしよ』言うたんや。会議場には車で行ってんねんけど、運転手さんに『十二時なったらエンジンかけといて』と言った。で、十二時になって三和に『しゃあないな』言うて、そのまま車に飛び乗ってゴルフに行った」

國定が筆者に語ったエピソードは当時の新聞や週刊誌が取り上げ、大いに話題になった覚えがある。いずれの記事も匿名の関係者が語った形になっていたが、マスコミに話したのは國定だろうと誰もが思った。本人はそう思われることも承知で話したのは、一義的には大蔵省の手口が許せなかったからだろうが、不良債権処理を巡って大蔵省の失政が散見されるようになり、一方の銀行も不良債権処理の当事者として尻に火が付き、最強官庁の傍若無人な振る舞いを黙って眺めている余裕がなくなったからでもある。

日住金の再建策を巡るこのエピソードは、さらにもう一つの事実を浮き彫りにしている。当初、関係金融機関は大蔵省案に対して一様に反発した。しかし結局、大蔵省の名代だった三和銀行の主張を飲んだ。金融の自由化が進んで銀行は競争するようになったが、それはあくまで大蔵省や日銀の手のひらの上で繰り広げられた競争でしかない。当事者である銀行もそれが分かっているから、納得しかねる指示に反発はするものの、結局は言いなりになった。國定もこう語っている。

「所詮、大蔵省にはかなわんってことは、最初から分かっとったからなあ」

再戦は、大和銀行ニューヨーク支店巨額損失事件

二年後の一九九五年、國定は再び大蔵省と相まみえることとなった。大和銀行ニューヨーク支店巨額損失事件だ。ニューヨーク支店で証券運用を担当していた行員が、十二年間

にわたって銀行に無断で米国債の簿外取引を継続し、約十一億ドルという巨額の損失を出したものの、これを隠蔽していたという不祥事だ。

國定が今度はどんな立ち居振る舞いをしたのかをみる前に、事件が発覚した一九九五年がどのような年だったかを押さえておこう。

当時、大蔵省銀行局長だった西村吉正は自著『金融行政の敗因』でこう書いている。

「ここ数年、全体を見れば、わが国の金融システムにとって最大の危機は拓銀・山一が破綻した九七年十一月だろう。しかし先に述べた九五年の八月もひとつのヤマではあった」（P.129）

七月三十一日に東京のコスモ信用組合に対して監督権限を持つ東京都が業務停止命令を出した。八月三十日には第二地方銀行の兵庫銀行と大阪の木津信用組合の経営がそれぞれ破綻した。一カ月で三つの金融機関が金融界からの退出を命じられたわけだが、大和銀行ニューヨーク支店事件はこの激動の月に水面下で動き出した。簿外取引をしていた行員自らの告発を受けた頭取（当時）の藤田彬が八日、東京にあった大和銀行の接待用施設「白金寮」で、銀行局長だった西村に不祥事の概要を説明した。

それ以降の事態の推移について西村は自著で概ねこんな説明をしている。銀行内での不祥事は司法当局に届ける前に銀行自身が実態を解明するのが慣例。そこで大和銀に調査するよう指示すると、九月十二日に報告があった。大蔵省は直ちに公表させようとしたが、米当局から捜査が進むまで公表は待ってくれという要請があり、九月二十六日に公表することになった。

大和銀行関係者の記憶は異なる。八月八日に事情を説明すると大蔵省に発表を止められた。「コスモ信用組合や木津信用組合、兵庫銀行の経営破綻がカウントダウンに入っているところで大和銀行の不祥事が明るみに出れば、金融不安が起こりかねないことを懸念した」

大和銀側の主張は一貫して対外公表を大蔵省に止められたというニュアンスで、國定は西村の自宅に押しかけ、「米当局に調査結果を報告したので、明日記者会見を開きたい」と言ったと振り返る。

「西村局長の自宅は公務員宿舎で、実際に住んでいる部屋とは別に表札のないもう一つの部屋があったんや。そこに部下と行ったわ」

國定の話に西村は驚き、当時の大蔵大臣・武村正義の海外出張に同行していた大蔵次官の篠沢恭助に電話をかけた。「会見をやめさせろ」と言う篠沢に西村は「私も説得しているが、大和銀は『後で何を言われても構わないので、発表させてくれ』と言っている」と返事。篠沢がお伺いを立てた武村も発表に反対したが、西村は國定の迫力に翻意させるのは無理だと悟ったのか、最後は折れたという。

発表する、しないで大蔵省と大和銀行の認識が食い違い、双方が当時の出来事を事細かく説明するのは、その後の米当局の対応が絡んでいるからだ。事件は当初、元行員による単なる不始末で終わるはずだった。しかし米当局はその後、大和銀行の報告が大蔵省への報告から約一カ月経過していることを「隠蔽だ」とことさら問題視し、最終的に大和銀行は米市場から完全撤退させられた。結果が大ごとになってしまったため、双方とも自らの初動には誤りがなかったことを懇切丁寧に説明するため、仔細に振り返るのである。

今となっては何が事実かは分からないし、突き止めても詮ないが、西村は『金融行政の敗因』でこう書いている。

「少なくとも都市銀行は、現地で主体的に処理に当たるべきものと思っていた。ところが銀行側は、当局が指示するまで時間が与えられたものと理解していた節がある。八〇年代以降の海外進出ブーム以降、海外市場におけるわが国のプレーヤーの質がかなり変

わっていることについて、私は認識不足であった」（P.132）

「所詮、監督官庁の手のひらの上」

バブルが崩壊してまもなく議論された金利減免を軸とする住専への経営支援策、まだ時の内閣が施政方針演説で不良債権という言葉を使っていない時に起きた大和銀行ニューヨーク支店巨額損失事件。バブル処理を巡る経済事象はさまざまあったから今となっては歴史の一コマに過ぎないが、当時は大騒ぎになった事件の渦中にいた國定の話からは、大蔵省や日銀と銀行の関係性を知ることができる。自由化が進み、銀行間競争が激しくなっても銀行は所詮、監督官庁の手のひらの上で争っているに過ぎない。監督官庁の方針はしばしば腹を据えかねるものがあるが、最後はそれを受け入れる。銀行とはそういう企業体であると國定は言った。

では顧客に対してはどうだったのか。國定は支店長時代の話を引き合いに出した。

「取引先との会食では当たり前のように僕が上座に座っとった。相手はお客さんいうのにね。そういうメンタリティは行内での振る舞いにも出たわ。『お前ら世間の人らより高い給料をもらっとんのやからその分しっかり仕事をせい！』とか言って、しょっちゅう部下を怒鳴り上げとった。今にして思えばどの口が言うてんねんって話や。まったく鼻持ちならん奴やったと思うよ」

銀行からカネを借りたのに返せない人には平気で罵声を浴びせたという。國定の実家は決して裕福とはいえず、自宅を差し押さえられたこともあった。母親は靴下を箱詰めする仕事を見つけたが生活は安定しない。毎日、近所のパン屋へパンの耳を貰いに行っていたが、不憫に思った店主がタダでくれることもあった。

「返さんやつを怒鳴ったのは、カネで苦労した家に生まれ育ち、ありがたみが身に沁みていたから。そういえば聞こえは良いかもしれないがちゃうよ。人に序列をつける癖があって、その中で自分は特別な存在やと勘違いしとったんや」

「銀行で教えてもらったことで役に立たなかったことなんて一つもない」と語った元あさひ銀行頭取の梁瀬と違って國定がバンカーという職業をやや否定的に見るのは、一九九八年に大和銀行専務から子会社の大和銀総合研究所社長へ転出して以降の人生が深く関わっている。ちょうどこの年、子供の頃から好きだった野村克也の阪神タイガース監督就任が決まり、時間に余裕ができるようになった國定はタイガースの私設応援団メンバーとして甲子園に足繁く通う生活を始めた。

ある日のこと、応援団のメンバーが「本部長」と呼ぶ人がスタンドに現れた。國定が名刺を差し出して挨拶をすると本部長は言った。

「國定さん、それはお納めください。ここは名刺のない世界。あなたの名刺は受け取りませんし、私も名刺を出しません。ただ一生懸命応援するだけでええやないですか」

　頭取候補だったバンカーからプロ野球の応援団のメンバーへという類例をみない転身を遂げた國定にとって、上下関係のない甲子園という社会から見た古巣は違和感だらけだった。目を凝らせば銀行の日常業務も異様に思えたという。

「バンカーにとって花形業務は貸付。わしは海外が長かったから四十代後半で初めて貸付っちゅうのをやったんや。それまで決算書を読み込んだり、経営者と話し込んだりしたことがなかったから『設備投資のために十億円貸してくれ』言われても、判断できんと思っとったけど簡単やった。自分が優秀だからやない。与信の判断なんてマニュアルがあるからどうとでもなったんや」

　元あさひ銀行頭取の梁瀬と元大和銀行専務の國定は共にバブル崩壊直後に起きた混乱を始末する前線に立たされ、銀行の危機を何とか凌いだ。その点では共通する二人だが、銀行での経験について梁瀬は「人生に役立たなかったことなど一つもない」と言い、國定は「大したことあらへん。特別な存在と勘違いしとった」と振り返った。

梁瀬がどちらかと言えばバンカー人生を肯定的に捉えるのは、あさひ銀行が海図なき航路を進み、現在のりそな銀行という港へ入港させたという思いが強いからだろう。一方の國定がやや否定的なのは、獅子奮迅の働きをしても所詮は監督官庁の手のひらの上で踊るだけという銀行の宿命が嘆かわしいと思ったからだ。規制金利時代が終わって手に入れた「自由」を実感したか、していないか。二人の違いはそこにあるような気がする。

まとめ

① イトマン事件や蛇の目ミシン事件などが発覚、自由を手に入れた銀行は競争のあまり犯罪に手を染めている自覚すらなくなった。バブル崩壊直後に銀行が直面した大仕事の一つは闇の勢力との関係を断つことだった。

② ルールを逸脱した営業で銀行には回収不能あるいは回収が極めて困難な債権が大量にあることが判明した。いわゆる不良債権の処理で銀行が直面したもう一つの問題は「銀行の別動隊」と呼ばれた住宅金融専門会社が抱えた債務の処理だった。

③　不良債権の処理を巡って銀行と監督官庁の大蔵省はしばしば対立したが、銀行は結局のところ大蔵省の方針に従った。バブルのころに少なからずあった自由な雰囲気は少しずつ消え失せていった。

④　旺盛な資金需要にどう応えるか。かつての銀行にはそれを差配する力があり、それがバンカーの社会的地位を高めることになった。乱暴な営業が横行したバブルが崩壊、バンカーは世間の信用を失ってもおかしくなかったが、社会的地位の高さは維持されたままだった。

北海道新聞が口火を切った総会屋事件

住宅金融専門会社（住専）が抱えた巨額の不良債権がきっかけとなり、世界が日本の金融を不安視するようになった。政府はこれを払しょくするため、一九九六年一月に始まった通常国会で六千八百五十億円の公的資金投入を決議。いわゆる「住専国会」は同年六月十九日に閉幕した。

バブル後の日本経済はずっと真っ暗だったと思うかもしれないが、一九九五年度の実質経済成長率は三・〇％、一九九六年度は四・四％と高水準だった。この調子でいけば大幅な地価下落や不良債権の追加的な発生は起きない。世の中にはそんな期待感もあった。

元大蔵省銀行局長の西村吉正は『金融行政の敗因』でこう書いている。

「金融機関の不良債権は量的にはまだまだ残されているが、足かせになっていた住専・

信組問題を公的資金をつぎ込んで処理する仕組みは整備された。後は個々の金融機関の自主的な努力によって解決可能である。これまで不良債権の後始末に追われて遅れていたが、ようやく二十一世紀に向けての金融改革に取り組める時期が来た」（P.166〜167）

地方紙の北海道新聞が唐突な記事を掲載したのは、バブル崩壊後、わずかにあったそんな平穏なタイミングだった。

「証券業界最大手の野村証券（本社・東京都中央区、酒巻英雄社長）が、先物取引をめぐって損失を出した東京都内の法人投資家に対して巨額の損失補てんをしていた疑いで、同社役員らが証券取引等監視委員会の事情聴取を受けていたことが三日までに分かった。補てん額は数億円に上るとみられ、同委員会は証券取引法違反（損失補てん、利益追加）の罪で東京地検特捜部への告発を視野に入れて慎重に調査を進めている」（北海道新聞一九九六年九月四日付朝刊）

この報道があった時、筆者は東京証券取引所の中にある記者クラブ「兜倶楽部」に所属し、証券会社の取材を担当していた。北海道新聞に出し抜かれたわけだが、必死に追いかけようとはしなかった。いや、それ以前に当日の記憶があまりない。記者クラブに詰めていたのは全国紙とＮＨＫ、民放のキー局である。仲間であり、ライバルでもある彼らが何を報じるのかには常に強い関心を持っていたが、それ以外のメディアが証券界の暗部をえぐるような記事を書けるはずがないと高を括っていたのが理由の一つだ。つまり傲慢だったのだ。

もう一つは当時の先輩が、北海道新聞の記事が事実なのかを確認しようと野村證券幹部の自宅へ行った時に言われたセリフだった。「あんな報道を信じちゃだめだよ。そんなことやるわけないじゃない」と言われた。この幹部はその後に回顧録を出し、「社内で証券取引等監視委員会が野村證券と総会屋との取引を調べていると聞いたのは一九九六年秋だった」と明かしている。我々は嘘をつかれ、それにまんまと乗ってしまったわけだ。

後に証券会社による総会屋事件と呼ばれたこの大スキャンダルは翌一九九七年に怒濤の展開を見せた。三月六日に野村證券が急に記者会見を開き、総会屋の関連企業に損失補填をしたと〝自白〟。十四日には社長だった酒巻が辞任し、二十五日には東京地検特捜部と証券取引等監視委員会の担当者が列をなして野村證券の本社へぞろぞろと入っていった。しばらくすると他の証券会社も同じように損失補塡をしていることが判明、大和証券、日興証券、山一證券にも強制捜査が入った。一連の捜査で野村證券は酒巻と常務ら三人、大和証券は副社長、専務、常務ら六人、日興証券は二副社長ら五人、山一證券は会長、社長を含む八人が逮捕された。

　筆者が約三十年間続けた新聞記者の活動で心身ともにきついと感じた取材の一つは総会屋事件だ。メディアにはスクープを取るか取られるかという争いがある。普段なら同じように証券会社を取材している記者だけをライバル視すればよかったが、総会屋事件は東京地検や証券取引等監視委員会を取材している社会部の記者が何を取材しているかも意識しなければならなくなったからだ。

　なにしろ分が悪い。東京地検や監視委員会の担当記者が取材する相手は、いわば証券会社の悪事を暴こうとした人たちで、周辺からはさまざまな情報が出た。対して筆者の取材先は当局に追及され、完全に守勢に立たされている証券会社の首脳や役員、幹部。関係者の口は重く、その人たちから話を聞いてスクープを放つのは至難の業だった。

　もっともこれは言い訳でしかない。野村證券が開いた一九九七年三月の〝自白会見〟で北海道新聞の報道は極めて正確な内容だったことが証明された。半年前のあの時に「地方紙の報道だ」と一蹴したり、野村證券幹部の発言を鵜呑みにしたりせず、地道に取材を続けていれば総会屋事件の取材はもっと容易だったに違いない。

元名物広報マンが語った小池事件の発端

本作の取材で約二十年ぶりに再会した商工組合中央金庫社長、関根正裕はメディア業界ではよく知られた人物である。それはエピソードに事欠かないからだ。不祥事が続いた商工中金の立て直しで白羽の矢が立ち、プリンスホテル取締役から商工中金の社長に転じたというのはそのうちの一つに過ぎない。内閣総理大臣の岸田文雄は東大進学者数でたびたび全国一位になる開成高校時代の同級生。野球部で二遊間を組んだ間柄でもある。「岸田はセカンド、俺はショートだった。俺の方が強肩だったからね」と言って人を笑わせるのは関根の得意技の一つだ。

まだまだある。早稲田大学を卒業して入行した第一勧業銀行（現みずほ銀行）では一九九一年から広報マンとなり、後に作家となった江上剛と組んでバブル崩壊後に相次いだ不祥事に応対した。二〇〇二年四月のみずほ銀行誕生時には初代広報室長として、誕生初日に起きた大規模システム障害のメディア対応をした。

その関根は第一勧銀が深く関わった総会屋事件をこう振り返る。

「総会屋問題を認識したのは一九九六年夏ごろだった。ある日、北海道新聞の記者さんが江上さんと僕のところを訪ねてきて、『第一勧銀六本木支店から総会屋に対する融資があるはずだ』と言った。それがすべての始まりですよ」

一九九七年に大騒ぎとなった総会屋事件は主に証券会社を舞台としたものだったが、これに第一勧銀が関わることになった経緯を駆け足で辿ることにする。

事件で逮捕された総会屋の小池隆一は一九八五年に融資を受けたことをきっかけに第一勧銀との関係ができた。その第一勧銀の麹町支店でバブル絶頂期の一九八八年三月、三十六億円にのぼる不正支出が発覚、当時の頭取の引責辞任にまで発展した。

株主総会での紛糾を恐れた第一勧銀は小池に総会運営の協力を依頼、そこから両者の関係は深まった。小池は第一勧銀から受けた融資を野村證券や大和証券、日興証券、山一證券の株式購入に充当。融資は総額四百六十億円にのぼり、小池は四大証券に株主提案権を行使できるほどの株式を保有してにらみをきかせたため、各社は利益供与をした。この事件は一般に証券会社が主たる舞台と思いがちだが、きっかけは第一勧銀なのだ。

「『六本木支店からの融資があるはずだ』って言われたけれど藪から棒の話で返事ができなかった。調査しますと言うのが精いっぱいだった」と振り返る関根は、その後、スパイ映画のワンシーンのような行動をとった。広報マンとはいえ取引の詳細を把握することには限界がある。そこで広報部へ異動する前に勤務していた支店の同僚で、当時は審査部にいた知り合いにオペレーターキーを借りて審査部のコンピューターを起動、取引内容を確認したという。

「北海道新聞の記者が言うような六本木支店からの融資はなかったんだけれど、本店営業部から総会屋の関連企業に四十億円の貸し出しがあった。しかも返済が延滞している。つまり貸しっぱなしなわけ。それを知って腰が抜けたよ」

先述のとおり総会屋事件が世間を騒がせたのは一九九七年だが、関根のように、証券界を窮地に追い込んだ未曾有のスキャンダルを以前から知っていた人はいた。四大証券からは二十人超の逮捕者が出たが、このうち約三分の一の幹部は筆者がよく知る人だった。彼らに早くからしつこく問いただしていればスキャンダルの端緒は摑めていたかもしれない。それは今でも悔やまれる。

さて衝撃の事実を知った関根はほどなくして広報部から名古屋支店の副支店長に異動し

た。総会屋問題は引き続き燻《くすぶ》っていたものの、激務続きの広報部在籍が五年と長期に及んでいたからで、脱出は江上の温情だった。

しかし翌年四月、第一勧銀が系列ノンバンクを通じて総会屋に利益供与をしていたことが表面化、当時頭取だった近藤克彦が辞任した。近藤は辞任会見で「総会屋（筆者注：小池）が師事した元出版社社長の大物総会屋と歴代トップが親密な関係にあり、その呪縛が解けなかった」と語った。この時のセリフが高杉良の小説「金融腐蝕列島」シリーズのタイトルにも取り入れられている。事件が表面化したため、関根は広報部へ戻された。

「江上さんは総会屋との関係が明るみに出てしまったら僕を広報部に戻す腹だったみたい。知らぬが仏だよね。広報部から抜けられたと喜んでいたら、わずか七カ月で戻された。もっとも悪いことばかりじゃなかったな。広報マンとしてマスコミには追及されっぱなしだったけれど、付き合いが長くなればそれなりに仲良くなるじゃない。そうした連中と再会したからね。もっとも笑われるし、こっちもバツが悪いし……。『長いお休みをいただいておりましたが復帰しました』なんてあいさつをしたなあ」

第一勧銀の「呪縛」と宮崎会長の自死

ところで近藤は記者会見でなぜ「呪縛」という言葉を使ったのか。複数の関係者の解説を総合すると、第一勧銀と総会屋にはこんな歴史があったらしい。最初は一九六八年である。

この年、旧第一銀行（現みずほ銀行）神戸支店の親密取引先だった神戸製鋼所で内紛が勃発、右翼の大物、児玉誉士夫の介入を招いた。この時、児玉と神鋼経営陣の連絡役だったのが総会屋事件の一方の主役だった小池隆一の師匠で、近藤が実名を出すことなく「元出版社社長」と言った木島力也である。

そのころ合併を模索していた第一銀行にとって、神鋼の内紛は合併相手の勧業銀行に探られたくない腹だった。木島は内紛を収拾して、第一銀行頭取の井上薫（当時）に恩を売った。その様子をみていたのが当時、神戸支店の次長で後に第一勧銀の頭取や会長を務めた宮崎邦次。宮崎は一九七一年の第一勧銀誕生で立役者となった井上の秘書役に就いてからトントン拍子で出世したが、同時に井上が付き合った木島や小池といった総会屋との人脈も引き継いだ。近藤が語った「呪縛」はこの長年の関係を指す。江上が第一勧銀と総会屋の関係が明るみに出たら関根を呼び戻そうと考えていたのは、それが同銀にとって相当な恥部だったからだ。

　小池との関係がこれほどまでに親密だったため第一勧銀の逮捕者は十一人に及び、中には先の近藤が辞任するにあたって後任の頭取に指名していた副頭取の藤田一郎も含まれていた。さらに最悪の出来事が起きる。一九九七年六月二十九日、東京地検特捜部の取り調べを受けていた宮崎が「今回の不祥事について大変ご迷惑をかけ、申し訳なくお詫び申し上げます。真面目に働いておられる全役職員そして家族の方々、先輩のみなさまに最大の責任を感じ、且つ、当行の本当に良い仲間の人々が逮捕されたことは、断腸の想いで、六月十三日相談役退任の日に、身をもって責任を全うする決意をいたしました」などと書いた遺書を残して命を絶った。

「忘れもしない。日曜日の朝ですよ。自宅でテレビ朝日の『サンデープロジェクト』を見ていたら、田原総一朗さんが『今、入ってきた情報によると第一勧銀の宮崎さんが……』とか言ったんだ。亡くなったことをテレビで知ったわけ。携帯電話なんて普及していなかったから、自宅にマスコミからジャンジャン電話がかかってきた。『出社するからちょっと待ってくれ』と言って家を飛び出した」

　宮崎が運び込まれた病院には江上が足を運び、殺到するマスコミの相手をした。関根は広報部で対応にあたったが、そこに頭取や専務、常務といった役員が集まり、宮崎の自宅で見つかった遺書をどう公表するかなどを相談したという。

さて宮崎は遺書の中でこんなことを書いている。「逮捕された方々の今後の処遇、家族の面倒等よろしくお願い申し上げます」。罪を犯した人の家族の面倒をみるよう銀行に求めるというのはおかしな話だが、当の宮崎は本気だったに違いない。井上や自分が総会屋と抜き差しならない関係を築いたことがきっかけで、多くの行員が違法行為に手を染めなければならなくなった。だからせめて逮捕者の家族には罪滅ぼしをして欲しい。おそらく遺書の含意はそういうところにあった。

もっともこの総会屋事件の逮捕者それぞれに、宮崎が抱いていたような罪の意識があったかどうかはかなり疑わしい。それはこの事件の取材にどっぷりつかった筆者が当時、常に感じていたことである。当時、例えばこんなことがあった。

ある取材先は若くして四大証券の一角の取締役に就任、社内外で社長の有力候補と呼ばれた。実際、時のトップはこの取材先を後継者にしようと思ったのか、一～二年ごとに担当を変え、さまざまな経験を積ませていた。総会屋事件が起きた一九九七年は総務部門の担当役員。このため「特捜部に目を付けられている」と噂された。

そのうち噂は「あの人は目を付けられている」から「あの人は逮捕される」へと変わった。ある晩、噂を確認しようと思って取材先の自宅を訪れると、検察担当の記者と思しき人が周辺をウロウロしていた。彼らは検事から「奴は怪しい」と言われたからこの場にいるのだろう。噂に真実味があることは確認できた。

　取材先の自宅周辺に複数の社会部記者が張り込みをしている。「この状況で本人から話を聞くことなんてできないな」と思って退散しようとしたところ、勝手口が少しだけ開き、手招きしているのが見えた。他の記者に気づかれないようどうにか自宅へ上がり込むと、取材先は悔しそうにこんなことを言った。

「あなたは旧知の仲だから話すよ。小池とは総務担当になったからという理由で一、二度会っただけなんだ。顔も覚えていないくらい。実際に応対していたのは部下だったし」

　筆者が「それなら徹底的に特捜と戦うべきですよ」と言うと返事があった。

「そんなことをしたら会社や家族がどうなるか分からないと検察に言われた。脅しだとはわかっているけれどさ、おふくろの認知症が始まっているのよ。万が一のことがあったらどうしようと思うと、つっぱるのもなんかねえ」

　実を言えば、この取材先が「小池に応対していた部下」と指摘した人も取材先の一人だった。本人に話を聞くと、「時々ご機嫌伺いに行っていただけだよ。昔からの付き合いを終わらせるわけにいかないじゃない。義理立てしただけです」という返事が返ってきた。四大証券の逮捕者は合計二十人超にのぼったが、万事こんな調子で、各社が第一勧銀のように小池と抜き差しならない関係になったきっかけは結局のところ分からずじまいだった。逮捕された中には小池に便宜供与をしたと言った人は確かにいたが、それは第一勧銀のような「呪縛」があったからではなく、話を聞く限りは単に過去からの慣習を踏襲しただけのようだった。

四大証券の逮捕者に罪の意識はほとんどなかった。会社側も同じで、逮捕者を憐れむ声の方が圧倒的。実際、旧知の取材先はいずれも判決が出た後に会社へ呼び出され、主に金銭面で処遇されることを伝えられている。

小池について第一勧銀元頭取の井上や宮崎の心には深く沈殿していたものがあったのだろうが、逮捕された人のメンタリティは四大証券の逮捕者のそれと大きく変わらなかったに違いない。彼らも前例に従ったに過ぎなかった。

果たして総会屋事件とは何だったのか。確かに企業が反社会的勢力との接点を持つのは許されないことで、各社とも居住まいを正すきっかけにはなった。しかしながら三十人以上という数多くの逮捕者を出して明らかになったことは銀行界や証券界にはびこっていた前例主義と事なかれ主義だけだったような気がする。

山一廃業で露呈した大蔵行政の限界

こうして東京地検特捜部による総会屋事件の捜査は一九九七年十月に終結した。四大証券と第一勧銀は経営陣を一新、再スタートを切ったが、世の中は依然としてどんよりした空気が支配していた。というのも総会屋事件と並行して準大手証券の三洋証券や四大証券の一角である山一證券の経営問題などがくすぶっていたからで、総会屋事件の終結を待っていたかのように、十一月に入ると両社は相次いでクラッシュした。

十一月三日、三洋証券が会社更生法の適用を申請、事実上倒産した。大蔵省は長らく経営難に陥っていた同社を、同じく準大手証券だった国際証券（現三菱ＵＦＪモルガン・スタンレー証券）と経営統合させ、これを三和銀行の傘下に入れるという再建案を考えたが、同案がまとまる前に三洋証券の資金繰りを支えていた生命保険会社が劣後ローンの借り換えを拒否。命運が尽きた。

実を言えば証券会社同士を経営統合させ、大手都銀ながら規模の大きな系列証券を持たない三和銀行の傘下に収めるという大胆なスキームは、どういうわけか春先から複数のメディアに漏れていた。今にして思えば大掛かりな金融再編という特ダネを目の前にちらつかせることで、金融行政を好意的に報道させようとした大蔵省の戦略だったような気もするが、再編は関係者のエゴが交錯し、計画実現に向けて一歩進んでは二歩下がるような展開が続いた。

当事者のうち三洋証券はまな板の上の鯉で発言権はなかった。しかし救済する側の三和銀行や国際証券は取りまとめ役の大蔵省にあれこれと内容の修正を求めた。当時の取材メモを読み返してみると興味深い。大蔵省が描いたスキームの一部に合理的でない部分があったから仕方がない面もあるが、役人が懇願しているのに国際証券がクビを縦に振らない場面が幾度となく出てくるのだ。銀行や証券会社の首脳や幹部は、金融パニックを何とか防ごうと躍起になっている役人の足元を見透かしていたわけで、大蔵省の統治力がすっかりなくなっていることを窺わせた。

三洋証券が会社更生法の適用を申請した余波はかなり大きかった。この時、日本で戦後初めて短期金融市場でデフォルトが起きたからで、それが金融機関の行動を慎重にさせ、その後の連鎖的な倒産劇を招いたといわれる。十一月十七日には北海道拓殖銀行の経営が破綻、北洋銀行へ営業譲渡することが決まった。十一月二十二日には山一證券が自力再建を断念、自主廃業を検討していることを日本経済新聞が報じた。

筆者は山一の自主廃業を報じた取材班の一員である。あの金融パニックの渦中にいた一人だが、二十二日から三連休の最終日だった二十四日まで、どうにも間延びした時間を過ごした覚えがある。

まず二十二日土曜日。同日朝刊の日経報道を受けて、午前中に大蔵省証券局長だった長野厖士《あつし》が緊急記者会見を開き、山一には「飛ばし」による二千六百四十八億円の簿外債務があると明らかにした。出席した記者にとって最大の関心は自主廃業という日経の報道が正しいのかどうか。そこで入れ代わり立ち代わり「簿外債務の存在は分かった。それで山一は倒産するのか」と聞いたが、長野は「倒産は山一さんがお決めになること。大蔵省がとやかくいう話ではない。私どもは簿外債務があるという事実を公表しただけです」などと繰り返した。

このなんとも締まりのない記者会見が終わり、山一は午後に記者会見を開くのかと思ったが何も動きがない。お昼ぐらいになって山一幹部は「今日は開けそうにないなあ」と言った。翌二十三日も似たようなもので、お昼ごろに「今日も無理そうだ」と言った。最終的に臨時取締役会を開き、自主廃業を決めたのは二十四日。それを報告する記者会見で社長だった野沢正平が号泣し、「社員は悪くありませんから」という名言を残したのは周知の事実だが、あの劇的なシーンの前はこんな流れだった記憶がある。

記者会見に集まった記者は自主廃業の直接の引き金となった「飛ばし」がどのようなものだったのかを再三聞いたが、山一の回答は要領を得ない。そのうち記者の一人が怒り出して「飛ばしの仕組みが分かる人を会見場に呼んでくれ」と叫んだ。それで急遽登場した弁護士が必死に答えている姿を見て申し訳ないと思ったお人好しの野沢が、記者の視線を弁護士から外そうと、唐突に「社員は悪くありませんから」と言ったのだった。

十一月二十六日に宮城県を地盤とする第二地方銀行の徳陽シティ銀行が自主再建を断念、仙台銀行に営業譲渡されることが決まった。こうして一九九七年十一月には二つの銀行と二つの証券会社の経営が破綻。後にこの未曾有の金融パニックを伝える書籍は数多く出た。いずれも当事者が破綻を食い止めようと奔走したものの実を結ばなかったさまが緊迫感を持って描かれているが、一連の経済事件は、つまるところ戦後ずっと続いていた大蔵省をピラミッドの頂点とする伝統的な金融行政が限界を突破し、コントロール不能になったことをさらけ出したということだったのだろう。

大蔵省を解体した「パンしゃぶ事件」

翌一九九八年、今度はピラミッドそのものが崩壊した。一月十八日、東京地検特捜部は日本道路公団が外債を発行するにあたって実施した幹事証券会社の選定で、野村證券からの贈賄があったとして公団の経理担当理事（大蔵省ＯＢ）と野村證券元副社長を贈収賄容疑で逮捕。同月二十六日にはあさひ銀行、第一勧業銀行、三和銀行、北海道拓殖銀行から収賄を受けて検査日程を漏らしたとして、大蔵省検査官二人を逮捕した。

要するに便宜供与の見返りで、大蔵省の官僚が銀行や証券会社から接待を受けていたことが明るみに出たわけだが、相次ぐ不祥事を受けて大蔵省は四月二十七日に民間金融機関との交友に関する内部調査の結果を公表、当時の銀行局審議官を停職、証券局長の長野らを減給とするといった処分を発表した。

処分を受けたのは合計百十二人（停職一人・減給十七人・戒告十四人、訓告二十二人、文書厳重注意三十三人、口頭厳重注意二十五人）にのぼった。これを受けて大蔵大臣だった三塚博、事務次官の小村武、銀行局長の山口公生、主計局次長の中島義雄らが辞任。その中には山一が自主廃業を決める直前に慇懃無礼な口調で「飛ばし」の存在を公表した証券局長の長野も含まれていた。

大物官僚が相次いで辞任したこのスキャンダルは大蔵省接待汚職事件と呼ばれた。その接待場所として、新宿歌舞伎町にあったノーパンしゃぶしゃぶ「楼蘭」が使われたこともあったため「ノーパンしゃぶしゃぶ事件」「パンしゃぶ事件」と俗称されることもある。

「真相は分からないけれど、あの時、当局の関心は総会屋ではなく、すでにノーパンしゃぶしゃぶ事件へ移っていたのではないかなあ」

商工中金社長を務める先の関根はこう振り返る。総会屋事件で頭取の近藤が辞任した一九九七年五月、東京地検特捜部による強制捜査は第一勧銀の広報部にも入った。部内には事件に関する資料が山ほどあったが、捜査員はそれに目もくれず、接待伝票だけを押収していったという。金融界を取材していた記者にとって一九九七年は総会屋事件で年が明けた。この年後半のテーマは銀行や証券会社の経営破綻で、その後、ノーパンしゃぶしゃぶ事件と続いたが、関根の話が事実とすれば、総会屋事件とノーパンしゃぶしゃぶ事件は地続きだったことになる。

この「パンしゃぶ事件」が引き金となって金融行政の大部分は一九九八年六月に大蔵省から新設の金融監督庁へ移った。検察による「大蔵省解体」はようやく終わったが、これによって金融行政はしばらくカオス状態に陥った。誕生した金融監督庁は官房長官の下に配置され、初代長官には名古屋高等検察庁検事長だった日野正晴が就いた。元銀行局長の西村はこう書く。

「九八年半ば以降は、金融問題が行政抜きで、立法府が中心となって論議・決定された今まで例を見ない時期であった」(『金融行政の敗因』P.187)

金融行政のダッチロールが招いた長銀破綻

一連の大蔵省解体に最も翻弄されたのは日本長期信用銀行だったのではないか。

金融監督庁の発足は六月二十二日だが、その直前、月刊誌『現代』に「『長銀破綻』で戦慄の銀行淘汰が始まる」という記事が掲載された。長銀株は暴落、信用を繋ぎとめようと六月二十六日に記者会見を開き、住友信託銀行との合併構想を発表した。合併が決まったことではなく合併構想を発表したのだから、いかに切羽詰まっていたかが分かるだろう。

その後、七月二日には金融機関の不良債権の抜本処理策として、経営破綻した金融機関の融資業務などを引き継ぐ公的な受け皿銀行「ブリッジバンク」の創設を最大の柱とした金融再生トータルプランが発表された。しかしそれもつかの間、同月十二日の参院選挙で自民党が大敗、橋本内閣は総辞職した。八月には政府が金融再生トータルプランの関連法案を提出したが、参院で優位に立った野党が強硬な姿勢を貫いたため、政府案は修正に修正を重ねることになった。

「長銀・住友信託の合併構想は、六月には政府・与党の金融再生プランを前提として提起されたのに、国会審議の途中でその枠組みが宙に浮いてしまった。長銀の対処方針は政府の金融問題処理策が大揺れの中で方向感覚を失い、自立的な対応能力を失った感があった」（『金融行政の敗因』P.190）

十月二十三日、長銀は新たに創設された特別公的管理（一時国有化）の下に置かれることになった。特別公的管理は十月に施行された金融再生法に基づき、銀行の破綻処理を円滑に進めるための措置で、経営が破綻もしくは破綻直前の銀行の株式を政府が全額買い取る仕組みだ。政府は住友信託との合併を通じて長銀を救済しようとしていたが、金融行政のダッチロールが主因となり破綻処理されることになった。

そのあおりでバンカー人生が激変した人は少なくない。暗号資産（仮想通貨）交換業務を手掛けるコインチェックで社長を務める蓮尾聡はその一人だ。

蓮尾は一九九三年に東京大学法学部を卒業して長銀に入行、最初の二年間は大阪支店で働いた。長銀の経営を悪化させたのは、故・高橋治則が率いた不動産会社イ・アイ・イ・インターナショナルへの過剰融資が原因の一つだが、蓮尾が入行したのは長銀グループがイ・アイ・イへの支援を打ち切った年である。

「就職活動でOB訪問とかを繰り返して会社を必死に理解しようとしても、入ってみないと分からないことってあるじゃないですか。イ・アイ・イとの関係はまさにそれ。入行してから知りました。長銀とのズブズブの関係を聞いてまずくないか？　うちは大丈夫か？と思ったけれど、周りの先輩は『えーっ。お前それを知らないで入ってきちゃったの？』と。こっちにしてみれば『えーっ。教えてよ』ですよ。もっともそんなやり取りをしていたのは、まだ余裕があったからなんでしょうね」

長銀の支店で若手の仕事は二つに大別できた。金融債を売って資金を調達するか、貸し出しをするか。金融債を売る担当の中には黒塗りの社有車を利用し、取引先に行くふりをして海へ出かけた人もいたというが、貸し出し担当となった蓮尾はバブルが弾けて資金需要が急激に細っているなか、長期プライムレートよりも低い水準で貸し出し、わずかばかりの利ザヤを稼ぐ営業をこなした。一九九五年には運輸省（現国土交通省）へ出向。もともと海外志望で、都銀で働くよりも海外支店勤務や留学の道が簡単に開けるのではないかと思って長銀に入ったのに、あてが外れた。

「役所に出向すると留学はできないという不文律があったんですよ。つまり一発目の異動で海外で働くという芽がなくなった。しかも出向で銀行から離れる。『ああ俺、終わったな』みたいな感覚でしたね」

出向期間中に長銀の経営は悪化した。運輸省内の至るところに置いてあったテレビは連日、派遣元の苦境を伝えた。

「それを見て役人が『お前のところは大丈夫か？』とか言うわけです。本当に心配してくれるならありがたいんだけれど、どうもそうじゃない。『うちに残った方が良いよ』とも言われた。出向だから残る選択肢なんかないことは分かっているくせに。うるさいなあ、嫌みだなあとか思ったけれど、そうは言えないから悶々《もんもん》としていました」

出向が終わったのは一九九七年。この年の七月、長銀はスイス銀行（現ＵＢＳ）と包括提携を結んだ。当初は投資銀行に変身を遂げることを目的とした提携だったが、十一月に山一證券や北海道拓殖銀行が経営破綻したため、長銀にとって提携の主目的は信用補完になっていた。ところが翌月、そのスイス銀行がスイス・ユニオン銀行との合併を発表、

「長銀との提携を解消するのではないか」と囁かれるようになった。現実味が増した破綻を回避しようと力を入れたのが債権回収で、行内で「武闘派」と目されていた人が続々と担当部署へ送り込まれていった。

入行して間もなく、資金ニーズのない取引先へ無理に貸し込んでいた姿を見た蓮尾は銀行の自分勝手さに辟易した。今度は債権回収である。その前線部隊である武闘派に組み込まれることは避けたい。そんな思いから運輸省からの戻り先として信託業務を希望した。

出向者が長銀に戻る時に、当時の人事部は本人の希望をわりと聞き入れてくれたという。このため蓮尾は異動を楽観視していたが、戻った先は長銀証券だった。債権回収の担当にならなかっただけでも良しとしたいところだったが、これがさらなる苦労を招いた。

「長銀証券の上司はスイス銀行との交渉をやっていた張本人でした。だからいつも席にいない。ごくまれに着席している時に今がチャンスと相談しにいっても『後にしてくれ』と言われてばかり。話にならないわけです。そうした中で『今日は結構座っている時間が長いな』と思った日があって、積もりに積もった相談事を持ち込もうとしたら、『僕は転職することになりました。後はよろしく』って言われた」

同じ部署にいたバンカーはいずれも蓮尾より年齢が上。多くは海外留学や海外支店勤務の経験があったから、そのキャリアが買われて外資系金融機関などへどんどんと転職していった。一方、入行五年目、証券部門経験が一年と経験の乏しかった蓮尾に行く当てはなく、結局、一人だけ長銀証券に残ることとなった。

長銀が一時国有化された一九九八年十月、人事部は出向者を集めて「もう銀行にはあなた方が戻れる場所はありません」と言った。蓮尾は仕方なく長銀とスイス銀行が合弁で設立した長銀ウォーバーグ証券に転籍しようと面接を受けたが、採用担当者は「このキャリアじゃ無理だよ」と言った。「退路を断たれたうえ、前にも進めない状態になってしまったんです」

結局、長銀証券の経営陣の一人が「何とか一人ぐらい」と言って蓮尾を押し込んでくれたので居場所は確保したが、それはさらに辛い生活の始まりだった。同僚は外国人ばかり。当時は得意ではなかった英語を毎日使わなければならなかった。

「おまけに仕事は、周りから『よく飽きずに続けられるな』と言われるような単純作業の繰り返し。レポートライン（業務報告経路）は海外で、守ってくれる人もいない。その日その日を何とか生き延びるような生活でしたね」。蓮尾は完全な棄民だった。

バブル世代が直面した不良債権処理と金融大再編

前章では元あさひ銀行頭取の梁瀬行雄と元大和銀行専務の國定浩一の二人の足跡を通じてバブルのピークから崩壊直後の銀行界を辿った。それはそれでかなり壮絶だったが、二人が当時を面白おかしく語ったこともあって、多少なりとも救いを感じることができた。

しかし同じ「ポストバブル」でも、一九九七年に発覚した総会屋事件以降のバンカー史には悲惨さが付きまとう。その一人が長銀破綻の影響をもろに受けた前述の蓮尾だが、ここでもう一人のヤメ銀の話を聞くことにする。総会屋事件で経営体制が二転三転した第一勧業銀行で不良債権処理の実務に当たった佐藤義清《のりきよ》だ。入行は一九八八年。蓮尾よりも五年早く社会に出た、正真正銘の「バブル世代」である。

「行内で総会屋事件が吹き荒れていた一九九七年に与信企画部へ異動しました。鉄火場でしたねえ。銀行全体の経営戦略を考える司令塔は企画部ですが、あの時、捜査に支障が出るとの理由で、当局から『銀行の中枢である企画部は動くな』と言われた。代わりに銀行経営の司令塔になったのが与信企画部でした」

同部の主たる仕事は各取引先の不良債権をどれだけ処理するか、その配分を考えること。当時、銀行経営の一丁目一番地は不良債権処理だったから与信企画部が組織の司令塔になるのは半ば必然だった。「当時はどの銀行もＢＩＳ規制（海外業務を展開するには自己資本比率が八％を超えていないといけないという国際ルール）に悩まされていましたが、不良債権の処理が自己資本比率に直結したから、塩梅には相当神経を使いましたよ」

佐藤は「思えば非常に不思議な部署だった」と振り返る。部員は約四十人だが、隣に座っている人が何をやっているか分からない。情報漏洩を防ぐため、横の情報交換は禁じられた。出社時間も退社時間も自由。極端なことを言えば、会社に行かなくたって良かった。「もっとも銀行は生きるか死ぬかの瀬戸際。与信企画部のさじ加減一つで銀行が潰れるかもしれなかったから、休むなんてことは考えられませんでした」。午前三時とか四時に東京・内幸町にあった本店から出て帰宅する生活が当たり前。少しだけ眠って午前六時に家を出る生活が続いた。完全なブラック職場。佐藤の妻は毎日、帰宅時間を日記に書き留めた。佐藤の体に万が一のことがあったら、過重労働を公にしようと考えていたからだ。

佐藤がバブルの負の遺産をどう処理するかに頭と神経を使う毎日を続けていた一九九九年八月二十日夕方。旧第一勧銀本店の近くにある帝国ホテルでは総会屋事件で辞任した近藤克彦の後任の頭取となった杉田力之、旧富士銀行頭取の山本恵朗、旧日本興業銀行頭取の西村正雄が一つのテーブルに横並びで座り、経営統合すると発表した。今のみずほ銀行が誕生した瞬間だ。

二カ月後の一九九九年十月には住友銀行とさくら銀行が合併を発表、現在の三井住友銀行の誕生が決まった。翌年三月には三和銀行と東海銀行、あさひ銀行が経営統合を発表したが、前章でも触れた通りあさひ銀行の頭取だった伊藤龍郎が「やーめた」と言って離脱したため、三和と東海が母体となってＵＦＪ銀行が生まれた（ＵＦＪ銀行はその後、経営難に陥ったため三菱東京フィナンシャル・グループが救済し、現在の三菱ＵＦＪフィナンシャル・グループになった）。

現在の三メガバンク体制の号砲がなったのは一九九九年八月で、先陣を切ったのはみずほだった。その一角である第一勧銀の与信企画部にいた佐藤は統合話を全く知らなかったという。それだけ情報管理がしっかりしていたということだろうが、寝耳に水とはいえ、発表を聞いて驚くこともなかったと振り返る。

「あの頃、自分も不良債権処理に追われる毎日だったし、メディアもさかんに都銀の再編は不可避と書いていましたから、いずれ大掛かりな再編があるとは思っていました。驚いたことがあったとすれば、再編相手に興銀が入っていたことですかね。第一勧銀と富士は都市銀行、興銀は長期信用銀行で業態が違いましたから」

業態の違いとはこういうことだ。第一勧銀や富士など、かつて都銀と呼ばれた銀行は地方銀行や信用金庫、信用組合と同様、預金業務を営み、預金業務で集めたおカネを貸し出しに回した。これに対して長期信用銀行に預金業務はなく、代わりに金融債を発行、これを貸し出しの原資にしていた。

あまたある金融機関の中で長信銀だけは資金調達方法が違ったわけだが、これが「長信銀は特別な銀行」「別格の銀行」というイメージを形作った。しかし長信銀の主な貸出先だった企業が直接金融で資金を調達するようになったこともあり、長信銀の存在感は薄れ、歴史的役割を終えようとしていた。そこにやってきたのがバブル。長信銀と呼ばれた興銀と長銀、日本債券信用銀行の三行は不動産融資に傾斜し、その結果、長銀は一九九八年十月、日債銀は同年十二月に一時国有化されることになった。

長信銀の長男坊で「産業金融の雄」と呼ばれた興銀は、バブルで次男坊の長銀や三男坊の日債銀と同じ轍に嵌《はま》った。だから一時国有化の道を歩んでも不思議ではなかったが、最終的に「別格の銀行」というプライドを捨て、第一勧銀、富士銀行との統合を選んだ。

経営統合にはほとんどと言っていいほど主導権争いが伴う。とりわけ銀行界にはその傾向が強い。当事者はそれを知っているからこそ再編を避け、できる限り単独での生き残りを目指してきた。しかしバブルの後始末で、そんな悠長なことは言っていられなくなった。それがみずほ誕生を号砲とする金融大再編、メガバンクの誕生である。佐藤は言う。

「みずほは旧行意識が強いと言われます。上層部は確かに主導権争いをしたかもしれない。でも僕ら不良債権処理の担当者は違った。経営統合を発表した数日後には興銀の本店に集まって話し合いを始めました。銀行が明日どうなるか分からない。そんな切羽詰まった状況から一刻も早く抜け出すことに必死だったんでしょうねえ」

「はじめに」でも書いたことだが、筆者が所属していた大学のゼミには十七人の同期がいて、バブルの真っ最中に就職活動をした。いずれも当たり前のように就職先として銀行を考え、実際に半数以上が就職した。なぜ銀行だったのか。本当のところは分からないが、給料や社会的地位が相対的に高く、一国一城の主である支店長には三人に一人がなれるというのは魅力的だったのだろう。

その後、バブルが弾けた。再編で支店長になれるのは十人に一人とも言われるようになり、バンカーが利用者から「銀行さん」と呼ばれ、ある種の尊敬を集める場面もめっきり減った。環境の変化はまだある。前例を踏襲すればかえって窮地に陥るなど、バンカーにとって正しいとされた所作が間違いになることも珍しくなくなった。大蔵省を頂点とする

「生態系」も崩れた。

今回インタビューをしたヤメ銀は数十人に上るが、一九九六年以降の金融暗黒時代の語り部として、筆者と同世代の蓮尾と佐藤に登場してもらった。蓮尾は長銀が経営破綻して前に進むことも後ずさりすることもできなくなった。佐藤はその後、大病を患って入院したが、病室でスーツに着替えて銀行へ行き、仕事をこなして病室に戻る生活をしていた時期があったと明かした。

共に壮絶なバンカー人生を送った二人には共通点があった。銀行やバンカーという存在を極めて客観的に分析したことだ。蓮尾はこう語る。

「僕らが銀行に入ったころまでは、バンカーになるリスクとリターンが合っていたんだと思うんですよ。でもバブルが弾けた。それで何が起きたのか。バンカーになるリスクがリターンを上回るようになったんじゃないかな」

まとめ

① バブル崩壊直後に金融界が対応せざるを得なかった問題は闇の勢力との関係整理と住宅金融専門会社の処理だった。その二つにメドが付き一九九五年と一九九六年に

不良債権処理は小休止したが、一方で総会屋事件に端を発して一九九六年から一九九八年にかけて金融界は暗黒期を迎えた。

② 総会屋との付き合いが発覚した四大証券会社と第一勧業銀行は経営陣が一掃された。一九九七年十一月には三洋証券、北海道拓殖銀行、山一證券が相次ぎ経営破綻、一九九八年には日本長期信用銀行と日本債券信用銀行が事実上消滅した。この間に大蔵省接待汚職事件が発覚。同省を頂点とする金融システムが崩壊した。

③ 不良債権処理はなお続き、ほとんどの金融機関が単独では生き残れない状態となった。一九九九年には現在の三メガバンク体制の原型が相次ぎ誕生。この結果、一国一城の主である支店長になれる人は三人に一人から十人に一人へと減った。バンカーとして生きていく道が見えなくなった人、不良債権処理にかかりっきりになる人、外資系金融機関へあっさり転職する人……。バンカー人生の多様化が進み、総じて言えばバンカーになるリスクがリターンを上回る時代になった。

公的資金があぶり出した自己保身と身勝手さ

　現在の三メガバンク体制の原型は一九九九年八月からわずか一年足らずで出来上がった。各行がそれだけ急いだのは一九九七年に北海道拓殖銀行が、一九九八年には日本長期信用銀行と日本債券信用銀行があっさりと経営破綻して、「銀行不倒神話」なるものが崩壊、明日は我が身という危機感を持ったこともあるが、一九九九年三月に大手行十五行へ合計七兆四千五百九十二億円の公的資金が注入されたことが大きい。世間に「銀行経営は不健全である」という認識が定着、経営の根幹ともいえる信用が失墜したため、銀行は大手術をしなければいけなくなった。

　ところで金融機関に対しては、この大再編発表が相次いだ一年前の一九九八年三月にも合計一兆八千百五十六億円の公的資金が注入されている。自己資本不足を原因とするいわゆる「貸し渋り」を解消するためだったが、実際のところ貸し出しは増えずじまい。銀行は実態とは異なり、「貸し渋りなどしていない。自己資本は十分にある」と突っ張った。取引先よりも自己保身を優先したわけだ。政府は結局、信用保証協会に二十兆円にのぼる特別保証制度を設けて貸し渋りを解消している。

本当は不良債権の処理であっぷあっぷだったのに、「公的資金の注入を要請せよ」と言われても銀行がなかなか首を縦に振らなかったのは、政府介入で経営責任を問われることを恐れたからにほかならない。一九九九年の注入額が七兆円超だったのに対して一九九八年の注入額は小規模にとどまり、明らかにやせ我慢をしたのはこれが原因だ。金融再生委員会が一九九八年十一月六日に「経営責任は問わない」と助け船を出したことで、ようやく巨額の注入申請に踏み切った経緯がある。

いずれにせよ公的資金は一九九八年、一九九九年と二度にわたって銀行へ注入された。しかし不良債権は減ることはなかった。当時、金融機関は合計で毎年十兆円ほどを処理していたが、長期の景気低迷や地価の下落で、毎年十兆円もしくはそれ以上の不良債権が新規に発生していたためだ。残高は三十兆円強で高止まり。金融機関の稼ぐ力が高ければ、高水準であろうと問題はなかったが、現実には実質赤字。不良債権問題はなお金融機関最大の問題として横たわった。ちなみに第八十七代内閣総理大臣になった小泉純一郎は二〇〇一年五月の所信表明演説でこう語っている。

「九〇年代以降の日本経済は、様々な要因が重なり合って生じる複合型病理に悩まされてきました。これを解決するための構造改革も、包括的なものでなければなりません。小泉内閣は、以下の三つの経済・財政の構造改革を断行します。第一に、二年から三年以内に不良債権の最終処理を目指します。このため、政府の働きかけの下に銀行を始めとする関係者が企業の再建について話し合うためのガイドラインを取りまとめるなど、不良債権の最終処理を促進するための枠組みを整えます……」

バブルが弾け、時の首相が所信表明演説で「不良債権」という言葉を初めて使ったのは一九九六年だったことは先に触れた。それから五年が経過しても政権が抱える課題の一丁目一番地は不良債権のままで、小泉は完治にはさらに二～三年がかかると言った。

当時の不良債権の半分以上は不動産業、建設業、卸小売業が占めた。筆者は一九九八年から二〇〇〇年にかけて新聞社で不動産業と建設業の取材を担当し、連日、さまざまな借り手が複数の銀行に借金の棒引きを願い出る動きを追い続けた。

追っていた話はほぼ同じパターンである。経営不振に陥ったデベロッパーやゼネコンにはメーンバンクからバンカーが送り込まれていて、彼らが財務部門のトップに就くなどして縮小均衡の再建計画を立案する。これを経営者がリストラ計画として対外的に発表、その見返りとして銀行が一千億円単位の債務免除を飲む。この計画をいち早く報じるのだ。

最初のころ、各社の計画をすっぱ抜くのは快感だったが、しばらくして虚《むな》しさを感じるようになった。借金を棒引きしてもらってもデベロッパーやゼネコンの経営が一向に健全化しないからだ。二〇〇一年の大納会の日のゼネコン各社の株価はフジタが十六円、熊谷組と長谷工コーポレーションが二十円、飛島建設が二十二円、佐藤工業二十一円、ハザマが二十二円。銀行は自身の体力の範囲内でしか不良債権を処理しなかったから、株式市場がゼネコンやデベロッパーの経営状態は何も変わっていないと判断をするのは当然だった。

二度にわたる公的資金注入は銀行の二つの性格を浮き彫りにしたと思う。銀行は信用創造という社会において重要な役割を担っていながら、経営が怪しくなってくると貸し出しを渋った。性格の一つは自己保身を優先する組織であるということだ。世の中が公的資金注入の条件に経営責任を取ることを求めると、この流れを奔流にさせまいと意固地になった。銀行に借金棒引きを申し出たゼネコン首脳は当時、こんなことを言った。

「バブルのころに俺たちは造注をした。施主が決まっていないのに需要を当て込んで土地を仕込み、建物を作ってから売り手を探す商売だ。これは少なからず銀行の意向を受けてやったビジネスだが、それが祟って莫大な借り入れをしてしまった。これが不良債権となり、その処理に当たって俺たちは経営責任を取らされるが、銀行の連中は無傷。大量の不良債権をつくったのに居座っていると批判されるが、居座っているのはどっちだよ」

「目利き力」にとって代わった金融検査マニュアル

公的資金注入は銀行の身勝手さをむき出しにしたわけだが、この時期、銀行のもう一つの性格が浮き彫りになった。きっかけは一九九九年七月から適用されることになった金融検査マニュアルだ。銀行は貸し出し債権について、「正常先」、回収に注意を要する「要注意先」、回収に懸念のある「破綻懸念先」、回収ができない「実質破綻先」「破綻先」の五つに分類し、分類に応じて決められた引き当てをするというものだ。要注意先の引当率は一五%で、破綻懸念先の引当率は七〇%。百億円の債権に要注意先というレッテルが張られたとすると、ほぼ自動的に一五%を引き当てなければならなかった。

その昔、バンカーには「目利き力」が求められた。簡単に言えばカネを貸すかどうか、あるいは回収するかどうかを決める能力だ。「判断力を磨くため、先輩には徹底的にしごかれた」「経営者の顔を見て判断したが、その判断こそがバンカーという仕事の醍醐味」など、古い世代のバンカーにはこの目利き力を懐かしむ声が少なくない。

しかし金融検査マニュアルは各種債権の損失リスクを機械的に測定し、それに見合う引き当てを積むというもの。いわば「バンカーの腕の見せどころ」を喪失させるものだったから、古参バンカーにはすこぶる評判が悪い。古株のバンカーは誰もが「金融検査マニュアルが導入されたことでバンカーという仕事には魅力がなくなってしまった」と言った。

もっともマニュアルは横並びや前例踏襲というカルチャーが染みついている銀行という業態にとって、なじみやすい指標だったのも事実だろう。これがバブルでバンカーに一瞬芽生えた「自由」や「競争」といったカルチャーを失わせる決定打ともなったことを忘れてはなるまい。

「これって港に沈められるってことですかね？」

東京大学法学部を卒業、一九九六年に旧日本興業銀行へ入行した竹内明日香は、バブル崩壊後の「金融暗黒時代」と、それに続く「金融大再編時代」にどっぷりつかったヤメ銀の一人だ。総合職の同期は六十九人。その中で唯一の女性だった竹内が、変質の前に起きた「異変」に気付いたのは一九九八年から一九九九年ごろだったという。

「長銀と日債銀が経営破綻したのは一九九八年でしたが、その頃に経営企画部門にいた同期が小声で『ここだけの話だけれど、うちもマーケットから資金が取れなくなっている』と言ったんです。で、『俺はもう辞めるから』とつぶやいた」

バブルの頃の興銀の格付けはトリプルAで、多くの人が「他とは一味も二味も違う銀行」と崇めた。竹内が就職活動をした一九九五年は、その名残がまだあった時だ。入行時にバブルは弾けていたものの世の中に悲愴感はなく、ランチ時には先輩とタクシーに分乗して話題の店を訪れたりしたという。竹内は、そんな日常の中で同期から「俺、辞めるから」と言う言葉を聞いた。

興銀にはなお名門銀行という評価と、長銀や日債銀と同じ道を辿るのではないかという見立てが混在していたわけだ。本人は「俺はもう辞める」と聞いてどう思ったのか。

「あまり覚えていないけれど、愕然とはしなかったんじゃないかなあ。どちらかと言えば『やっぱりね』という感じだったでしょうか。だって長銀や日債銀が一時国有化されて、同じ長信銀の興銀が無傷のはずないじゃないですか」

ほどなくして竹内には女性総合職としては初となる地方勤務の辞令が出て神戸支店に赴

任。ある日のこと、取引先の一社で粉飾が発覚し、上司から融資額を減らすように命じられた。当該企業に足を運んで興銀の意向を伝え、帰路につこうとすると社長車に乗せられた。車は神戸港に向かって走ったという。

「先方が駅まで送ってくれるというから社長車に乗ったんです。でも車は反対方向の港へ走っていく。同乗していた上司に本気で『これって港に沈められるってことですかね？』って聞いた覚えがあります。結局、岸壁で降ろされ、車はどこかへ消えちゃったけれど、つまり『お前ら分かっているんだろうな』という脅しだったわけです」

まるでヤクザ映画のワンシーンにありそうな経験をすることになっても、竹内は興銀での生活をそこそこ楽しんだという。かなりな肝の据わりぶりだ。当時、新聞は連日のように不良債権処理問題を報道したが、自分は世間が最も注目している出来事の最前線に立っているように思えたからだという。もっとも旧第一勧銀や旧富士銀との再編が動き出すと、次第に楽しさは消えていった。

各行独自のカルチャーも変えた再編の大波

東京へ戻った二〇〇二年、竹内は審査部に配属となった。興銀の審査部は個別取引先の信用リスク管理を担当したほか、業種ごとの信用格付けをしたり、融資の可否を決めたりした部署だった。みずほ銀行の誕生は同年四月。第一勧銀や富士銀行の審査部門と統合して企業調査部になったが、そこで三行のスタンスの違いを実感した。

「興銀は産業金融の雄と言われていた時期もありました。だから個別企業への融資の可否だけでなく、業界全体の将来性を分析したりしました。メーンの取引先はもちろんのこと、融資額は三番手というような取引先の審査もした。メーン先の行方には血眼になるが、それ以外にはあまり関心を払わなかった第一勧銀や富士銀行とは違ったと思います」

竹内によれば興銀らしさは他にもあったという。

「ダメな取引先でも全部がダメなわけじゃない。良いところもあるわけですよ。そこで悪いところは抉《えぐ》り出すけれど、良い部分は活かそうとした。できる限り従業員を守る。そういう再建策を作るのが楽しかった。とある大手食品メーカーの再建策づくりでは、先方のＣＦＯ（最高財務責任者）に本当に感謝されて嬉しかった覚えがあります」

しかし公的資金注入と金融大再編の大波はカルチャーを大きく変えていった。

「大げさに言えば昔の興銀には大局観のようなものがあったと思いますが、『俺さえよければ』というスタンスに変わりましたね。それまで貸し渋りをやっていたのに、公的資金が入ってきたら取引先に『カネを借りてくれ』と懇願した。変わったと言えば例えばそういうこと。そうなってしまった大きな理由の一つは業績評価制度でした。四半期でどれだけ儲けているか、それが行内における出身母体の立場を決めたから、取引先のことなんて考えていられなくなったんじゃないかなあ」

銀行の性格の一端を如実に示した金融検査マニュアルは竹内にどう映ったのか。

「金融検査マニュアルって結論ありきの代物だったんですよ。あれに従えば機械的に引き当てをしなければならなかった。そうでもしないと不良債権処理は進まなかったのだろうから仕方ないけれど、自分が好きだった裁量を持って仕事に臨む興銀的なスタイルはなくなってしまった」

「掌返しとはこのこと。再生した時に叩き斬れ」

利己主義や画一性……。銀行やバンカーとは何かという問題意識に対して竹内の話は示唆に富むが、こうした感覚は彼女だけが持ったものではない。筆者は似たような話をさんざん聞いた。竹内が語ったことを裏打ちする傍証はいくらでもあるが、印象的な話をいくつか紹介する。一つは先に登場した商工中金社長、関根正裕の証言だ。

第一勧銀の広報として総会屋事件に対応した関根はその後、みずほ銀行の初代広報室長に就任、二〇〇二年四月一日の開業日に起きた未曾有の大規模システム障害に対応した。二〇〇五年には第一勧銀の主要取引先の一つで、株主偽装工作が発覚した西武グループを再建するため、みずほコーポレート銀行副頭取だった後藤高志（現西武ホールディングス会長兼ＣＥＯ）と共に西武鉄道へ乗り込んだ。

「西武っていうのは歪《いびつ》な会社でね。西武鉄道は上場していたけれど中核企業で持ち株会社的な存在だったコクドが非上場だったこともあって実態が分かりにくかった。それを補ったのがオーナーだった堤義明さんの信用力。預金を差し引いた銀行の融資は一兆三千億円にのぼっていたけれど、それは堤さんがいたからでもあった」

しかし総帥だった堤が同社を去り、メーンバンクから後藤や関根が乗り込むと、一部の銀行は融資したカネを返せ、今後は貸し出しをしないと態度を一変させた。

「西武グループの事業性を考えれば絶対に再生できた。でも担保が足りないだの、財務諸表が悪すぎるだのなんだかんだ言って西武グループから離れていこうとした。掌返しとはこのこと。僕は財務部の連中に言いましたよ。『いま、どこの銀行が何を言ったかよく覚えておけ。俺たちにつらい思いをさせた銀行は、再生した時に叩き斬れ』って」

長銀〜新生銀行で〝ハゲタカ〟不良債権処理

　別のヤメ銀の話にも耳を傾けてみた。一九九〇年に長銀へ入行、現在は埼玉県の秩父地方にある小さな町、横瀬《よこぜ》町《まち》で町長を務める富田能成。バンカーから町長への転身とはかなりぶっ飛んだ人生だ。

　富田は地元の名士の息子で、父親も横瀬町の町長を務めたことがある。そこに注目すると、自他ともにいずれは町長になると思っていた人で、長銀入行は腰掛けだったように映るが、「実際の経緯は全然違う」と本人は言う。

「町長の息子と見られるのが本当に嫌だったんですよ。だから必死になって地元、親元を離れようとしました。高校は横瀬町から少し離れたところにある埼玉県立熊谷高校。大学は東京の郊外にある国際基督教大学にそれぞれ通いました。長銀への就職も、もっと言えば結婚も事後承諾だったんじゃないかなあ」

　富田の親と距離を置きたいという気持ちは長銀に入ってからも続いた。海外支店勤務を目指して留学試験を受け、一九九七年には晴れてメキシコへ留学。中南米を選んだのは学生時代に休学し、一年かけて世界一周旅行に出た時の印象が強く残っていたからだ。長銀の経営悪化が世間に知られるようになったのは一九九七年。富田は留学先でそれを知った。

「当時のメキシコは通信環境が悪かった。端末やコンセント、通信用のジャックをなだめたりすかしたりしてどうにか長銀の株価がリアルタイムで見られるようにした。ようやくつながって画面をのぞき込んだら額面割れを起こしていました」

留学が終わればそのままメキシコで勤務する予定だったが、リストラで支店は閉鎖。近隣の米ロサンゼルス支店で働くことになったものの、これまた閉じられた。留学を機に四～五年は海外で働くつもりだったのに、わずか一年五カ月で帰国することになり、少しでも親元から離れようとした富田の企ては、長銀の経営悪化であえなく終焉を迎えた。

帰国することになった富田は、その後の仕事についてあまり語ろうとしない。

「それまで仲良くお付き合いしていた人に厳しいことを言わなければならない仕事だったんですよ。いまも長銀で一緒だった人と会う機会がありますが、一番多いのはあの時の同僚ですね。いまでもあの時の辛さを分かち合っているということです」

つまり仕事は「貸し剝がし」だったのだろう。富田と第I部第4章に登場してもらったコインチェック社長の蓮尾は熊谷高校で先輩後輩の間柄で、長銀時代にも付き合いがあった。その蓮尾は長銀の経営がおかしくなり、行内で「武闘派」と目された行員が次々と債権回収部隊に送り込まれたと振り返ったが、人の良さが体中から溢れているような富田ですら「武闘派」にカウントされていたということになる。

一九九九年九月二十八日、一時国有化されていた長銀は米投資会社リップルウッド・ホールディングスが中心となる投資組合「ニュー・LTCB・パートナーズ」に買収された。リップルは二〇〇〇年に行名を「新生銀行」に改め、長銀の名前は消えた。

これを機に富田の仕事は地方銀行などが抱える不良債権をまとめて買い取って担保を処分したり、バブルの頃に多額の借り入れをした中小企業の債務をスリムにしたりすることになった。いわゆる「ハゲタカ」だ。

「確かにハゲタカってイメージが悪いですよね。でも日本経済を停滞させていた不良債権を処理して金融の目詰まりを取り除いたのは事実。社会的に意義のあることをやった。その頃、他の日本の金融機関はどうだったかと言えば、昔と同じ画一的なサービスしか提供できていない。新生銀行は良い銀行だし、面白い仕事をやっていると思いましたね」

インタビューでわざわざ「僕は決して一流のバンカーではありませんでした」と謙遜するなど、言動に温厚な人柄が滲み出ている富田が新生銀行を評価したのは長銀に対する複雑な思いがあるからだ。長信銀の次男坊と呼ばれ、興銀に比べて自由闊達だったと振り返る長銀ＯＢは少なくないが、富田はガチガチの年功序列がはびこり、しきたりが多かったという思い出の方が強く、これに辟易していたという。

先の竹内は公的資金注入と再編を経て銀行の身勝手さを実感した。そして金融検査マニュアルの導入で審査という仕事に「興銀らしさ」が無くなってしまったことを心の底から残念に思った。一方、長銀で経営破綻に直面し、その後、新生銀行へ移った富田は、組織に染み付いたしきたりが肌に合わず、当時はまだ目新しかった不良債権処理の金融サービスを手掛け、しがらみよりも合理性を優先する新生銀行に魅力を覚えた。

日本の銀行に郷愁を覚える人と、反発する人。二人は全く逆の立場を取るように見えるが実は共通点があるような気がする。竹内は金融検査マニュアル、富田は資金調達や貸し出し、債権回収といった金融サービス。二人は共に日本の金融機関のワンパターンぶりに反発を覚えた。

まだある。竹内は経営難に陥った企業の再建に関わり、社会的価値のあるビジネスをなんとか残そうと奮闘することに喜びを覚えた。富田は親密な取引先への貸し剝がしを「思い出したくない思い出」と言った。二人の姿勢には一皮めくれば利己的でプライドが高く、ともすれば特権意識を振りかざす「バンカーらしさ」への抵抗感を窺うことができる。

配属直後のリーマン・ショックで「新人は外に出るな」

キャッシュレス決済ベンチャー「Kyash（キャッシュ）」を創業した鷹取真一は早稲田大学国際教養学部を卒業、二〇〇八年に三井住友銀行に入行した。筆者や先述した竹内、富田よりも若い世代のヤメ銀だ。鷹取は在学中に外資系証券会社でのインターンを経験、そのまま就職することもできたが、メガバンクの一角を選んだ。その理由を「人の顔が見える仕事の方が良いと思って選んだんです」と説明する。

研修を経て神奈川県にある溝ノ口支店の法人営業部門に配属。その二カ月後にリーマン・ショックが起きた。世界的な金融危機で、取引先にも影響が出ることが予想された。

「緊張感のあるやり取りをしなければならないわけですから、新人は外に出るなと言われました」。「緊張感のあるやり取り」とは融資を止めたり、回収したりすることを指すのであろう。大学時代の友人のほとんどが外資系証券会社やコンサルティング会社でバリバリと働いている中で、鷹取は日課がコピー取りという日々を過ごした。

「そんなことをやるために邦銀を選んだわけじゃない。でも腐っちゃいけないって何度も自分に言い聞かせましたね」

しばらくして支店と取引のある既存の顧客回りは許されるようになり、送金や為替を組むといったリスクのない仕事は引き受けても良くなった。鷹取は既存の取引先回りのついでに近隣の企業に飛び込み営業をかけ、いくつもの新規取引を獲得したという。

「支店に帰って『たまたま飛び込みで入ったら新規が取れました』とか言っていましたね。本当は五軒も十軒も回っていましたけれど」

それが実績として評価され、二年目には新規開拓専門の営業マンに。さらに四年目には企画部へ異動した。銀行の中枢に二十五歳の若さで籍を移すのは異例の抜擢だが、鷹取の足跡は不良債権処理に明け暮れていたころまでの銀行とは大きく変わったところと、変わらないところを見事に表している。

まずは変わったところ。かつて銀行で新人の仕事といえば預金集めが定番だったが、鷹取は研修後にいきなり法人営業を任された。なけなしのカネをあらゆるところからかき集め、それを有望な取引先に貸し出すのが銀行の基本的業務だったが、カネ余りが恒常化し、預金集めのニーズが低くなったからだ。普通なら、いくつかの支店を経験してから辿り着く本店に四年目で異動したことも珍しい。鷹取の資質によるところも大きかったのだろうが、前例主義がこびりついている銀行では異例の異動だ。

一方、変わらない点は、こんな発言から窺うことができた。

「新しい取引を作ろうと散々飛び込み営業をかけていたのはわけがありました。新規開拓数が数件というような中途半端な数字だと『新人は外に出るなといっているのに、お前は出た。支店の方針を逸脱している』と言われかねない。だから文句が出ないようまとまった数の新規案件を獲得することに注意を払いました」

最近でこそ法則は崩れたが銀行ほど年次を重んじる組織も少ない。何を言ったかより誰が言ったかが重視され、年長者の発言が重みを持ちがち。そんなところで若手ながら存在感を示すため、鷹取は軋轢《あつれき》を起こさないことに腐心した。

二〇〇二年十月、小泉政権は金融再生プログラムを発表した。資産査定の厳格化を通じて銀行に不良債権の最終処理をさせることを狙ったこの政策で、みずほフィナンシャルグループは取引先を引き受け手とする合計一兆円にのぼる第三者割当増資を実施した。その後、りそな銀行は監査法人による厳格査定で自己資本比率の四%割れを起こし、二〇〇三年五月に国有化された。これらの荒療治もあって不良債権処理は二〇〇三年度にようやく峠を越した。

リーマン・ショックが起きたのはそれから五年後。銀行はバブル崩壊後と似たような衝撃を受けたはずだが、鷹取はこう振り返る。

「あの時、海外の金融機関は大変な状況に陥ったけれど、邦銀は分厚いバランスシートで乗り切った。バブル崩壊後の教訓が生きたんですかね。リーマン・ショックの時の邦銀はヒーローだったと思います」

ならばバンカーも大きく変わったのか。

入行直後にリーマン・ショックが起き、危うい環境でバンカー人生をスタートした鷹取は、抜群の営業成績を上げた。しかしその一方で、自身の能力を発揮しても組織の中で軋轢を生まないよう細心の注意を払った。その後、企画部へ栄転できたのは、銀行という堅牢な組織からは決してはみ出していない姿勢を見せ続けたからだろう。その立ち居振る舞いから窺えるのは、バブル崩壊を経験した邦銀はリーマン・ショックで強固な経営体制を世界に見せたものの、バンカーに必要な資質は本章に登場してもらった竹内や富田の世代に求められたものとほとんど変わっていないということだろう。

まとめ

① 銀行へ一九九八年と一九九九年の二度にわたって公的資金が注入された。その過程で政府の経営介入は避けようと必死になる銀行の姿が露わになった。また、それまでは融資に対して渋い姿勢を示していたのに自己資本が厚みを増したとたん取引先へ積極的に融資をしようとする銀行の身勝手さも露呈した。

② 金融監督庁が一九九九年に不良債権の指南書ともいえる「金融検査マニュアル」を出した。これにより不良債権処理は加速、二〇〇三年度には山場は越えることになったが、機械的な処理を続けたことで銀行が持ち合わせていた取引先の実力を見抜く「目利き力」が失われることになった。

③ 二〇〇八年のリーマン・ショックで世界中の金融機関が大きな影響を被った。しかしバブルの後始末に苦労した日本の金融機関は手厚い自己資本があったため、その影響が軽微で済んだことは特筆すべきことだろう。もっとも、その中で生きるバンカーに求められた資質は出すぎた真似をせず、前例を踏襲すること。昔と何ら変わることがなかった。

東日本大震災をきっかけに転職・起業へ

前章にも登場してもらった鷹取真一は二〇一五年一月に「Kyash（キャッシュ）」を創業した。手掛けるのは決済や送金、出金、後払いがスマホで簡単にできるアプリで、電話番号やメールアドレスをアプリから登録するだけで簡単にＶＩＳＡカードを発行することができる。このＶＩＳＡカードはあらかじめ使う分だけ入金することができるので、カードの使いすぎを予防したり、身に覚えのない請求を回避したりすることができるのが特徴だ。

異例の抜擢で三井住友銀行の企画部に配属された鷹取が、起業家に転身をすることとなったきっかけは東日本大震災だった。被災地の様子をテレビで観ていると、困っている人の力になろうと続々とボランティアが東北を訪れていた。銀行マンである自分は何ができるのか。必要なところへできる限り素早くおカネを回すことだろう。しかし、それが決して簡単なことではないことに気づいた。

「あの時、義援金を募集したり、基金を立ち上げたりする動きが相当ありましたよね。もっとも善意のおカネが必要な人に本当に届くのだろうかと思った人もいたし、届くにしても時間がかかりすぎると不満に思った人もいる。自分もその一人でした。被災地の様子を中継するテレビ番組に映っている人に即座に千円でも一万円でも送金できる仕組みがあったら良いのになあと考えていました」

しばらくして鷹取は米系のコンサルティング会社に転職した。

「僕は直感で動く傾向があって、かねてこれを何とかしたいと思っていました。論理的に考えて動くようになりたいと考えていたんです。コンサルの仕事ってクライアントに提案を理解してもらって初めて成立するもの。そこで必要なのは論理的な説明です。自分の弱点を克服するのにいい仕事だと思って入りました」

多くの人にとって、この転職理由は「ああそうですか」と簡単に頷《うなず》ける話ではないだろう。メガバンクの企画部にエリートの代名詞のような印象を持っている筆者のような世代は特に違和感を感じるに違いない。鷹取が二十代の若さで出世街道の入り口に立ったというのに、あっさりと転職してしまったことには首を傾《かし》げるばかりだったが、それについては後で考察するとして、Kyashを起業した経緯の説明を急ぐ。

転職先の米カート・サーモンは消費者向けサービス事業のサポートやコンサルを手掛ける会社だった。鷹取はそこでスマホを起点としたサービスを考えるプロジェクトに関わったが、しばらくしてこの「スマホ」と震災の時に感じた「必要とする人にすぐにおカネが届く仕組みが必要」という思いが結びつき、Kyashの基本構想が出来上がった。

銀行を〝反面教師〟にした「Kyash」

「割り勘ってよくやるじゃないですか。米国ならこれをスマホでやるけれど、日本では現金を出し合うのが一般的でした。そこで送金手数料は無料、メアドや電話番号だけで簡単に送金できる仕組みが作れないかと考えた。そうした個人間のおカネのやり取りだけでなく、モノやサービスを購入する時にも使えればなおよしと。もっとも日本は法規制上、送金はできるんですけれど、交通系ＩＣカードの残高のような形でしか受け取れません。そこで出口としてスマホに紐づいたクレジットカードを考え、ＶＩＳＡカードと提携したわけです」

「直感で動いてしまう性格を改めよう」と転職したカート・サーモンの在籍期間はわずか

一年十ヵ月。退職直後に会社を立ち上げ、二年三ヵ月後に思いついたビジネスモデルを実用化した。「こうしてみると直感任せの人生が全然改まっていませんね」。鷹取はそう言って笑ったが、そもそもなぜ三井住友銀行を退職したのか。

「実家が寿司屋なんです。職人が握った寿司をお客さんが口に入れると笑顔になる。あの光景が好きでしたね。自分も何かを生み出して人を笑顔にしたいという思いを持ち続けていました。その点、銀行は何かを生み出すところではありませんから、一生勤め上げることはないだろうなとは思っていました」

　大抜擢で企画部に異動したのにわずか数年で退職、転職先のコンサルを二年も経たずに辞めて起業する「身軽さ」は驚くほかない。本人が「退職は人が喜ぶ顔を見たいという初志を貫徹したまでだ」といくら説明しても、周りが納得することはなかっただろう。鷹取にその辺りのことを聞くと周囲との軋轢は少なからずあったようで、「さもありなん」と言いたくなるようなことが起きていた。

　少し大げさに言えば、銀行の企画部とは頭取になる人が一度は働く部署と言っても良いようなところだ。そんな銀行の中枢に配属されたのに「辞める」と言い出したため、鷹取は同じく出世街道を走る企画部のメンバーから「どういうつもりだ？」と何度も聞かれた。

そんな人を相手に「論理性を磨くためにコンサルに移る」と説明したところで理解されることはまずない。「どうせコンサルは給料が良いから転職するんだろう」と心無い言葉を投げつけられた。

その後、どうにかして退職の了解を得てから始めた引き継ぎ作業も難儀だったという。簡単な仕事でも自分の後任としてお願いする相手は先輩。仕事の中身を書いた引き継ぎ書の文章が短ければ「お前は一刻も早くケツをまくろうとしてるんだろう」と嫌味を言われた。このため文字に起こせば十行で済むような作業でも百行を使って恭しく説明した。

鷹取が興したKyashのビジネスは銀行のビジネスモデルを反面教師にしているところがある。

一つは銀行の内部にはテクノロジーをコントロールする人がいないことだ。Kyashを始めとするＩＴ業界にはプロジェクトマネージャー（ＰＭ）がいるのが当たり前だが、銀行にはＰＭもいなければデザイナーもエンジニアもいない。テクノロジーの担い手は外部のシステムベンダーだ。もう一つは銀行がクレジットカードを発行できないこと。Kyashは簡単にＶＩＳＡカードを発行することができる。

おカネにまつわるビジネスならば何でもできるように見える銀行だが、意外に小回りが利かず、重要な技術やノウハウについては外部任せだったりする。そうした銀行の弱点を突くかのようにビジネスを立ち上げた鷹取がメガバンクの企画部に在籍していたことは興味深い。銀行のやることとなすことに反発して飛び出して新たな道を歩む「反逆のバンカー」ではなく、銀行内で「正しい所作」を取り続け、そのまま銀行に在籍してもおかしくなさそうな人物だからだ。そんな人材がいとも簡単に銀行を辞めて、新しい道を歩く時代。

リーマン・ショック以降、銀行やバンカーは大きく変わった。

震災後のクラウドファンディングと金融行政方針

一九八三年に三菱銀行（現三菱UFJ銀行）に入行、その後、三十二年間のバンカー人生のうち半分をシステム部門で過ごしたという静岡大学情報学部教授の遠藤正之は著書『金融DX、銀行は生き残れるのか』（光文社新書）の前文で「銀行ITに関して大きな変革が起きている」と指摘、「三つの点で実感する」と記している。一つは銀行の一部機能が銀行以外のサービスに取って代わられるような動きで、二つ目が銀行を通さない決済の仕組みの広がり、最後が一般の企業が銀行機能を保有する動きだという。

遠藤はそれぞれについて具体例を挙げている。第一はクラウドファンディング、第二は例えばＮＴＴドコモの「d払い」やソフトバンクの「PayPay」に代表されるＱＲコード決済、第三はあたかも一般企業が銀行業を営んでいるかのようなサービスで、例えばＳＢＩネット銀行のシステムを利用した日本航空の「ＪＡＬ ＮＥＯＢＡＮＫ」がこれに該当するという。

ここに掲げた金融サービスのうち、最も早く世の中で広がったのはクラウドファンディング。日本でそのきっかけとなったのは東日本大震災で、数多くの復興プロジェクトがクラウドファンディングで集まった資金を元手にしたことを記憶している人も多いだろう。

東日本大震災で変わった日本の金融界はさらに変化した。四年後にあたる二〇一五年のことだ。この年の七月に金融庁長官となった森信親が九月に出した金融行政方針は、これからの銀行の在り方について一石を投じた。

金融庁の前身である金融監督庁は発足当初、バブルで傷ついた銀行の不良債権処理について指導することを業務の中心に据えた。金融庁と名前を変えてもその姿勢は基本的に変わらなかったが、長官に就任した森は不良債権処理が峠を越したこともあって金融庁が銀行のあるべき姿を示し、そこへ導くような行政を志向。その第一弾が金融行政方針である。

森は二〇一八年に不正融資が発覚し、当時の経営陣が退陣に追い込まれたスルガ銀行を

「地銀の成功モデル」などと持ち上げている。だからその功績を手放しで評価するわけにはいかないが、二〇一五年九月の「金融行政方針」を高く評価する人は少なくない。そこにはこんな一節がある。

「IT技術の急速な進展により金融にも大きな変革の動きがみられている。FinTechと呼ばれる金融・IT融合の動きが、金融業や市場の姿を大きく変えていく可能性が高まっている」

いまでこそフィンテックは多くの人が知る言葉となったが、当時、その意味を理解している人は限られていた。このため金融行政方針が出ると多くのバンカーが検索した。その証拠にグーグルでいつ、どんな言葉が頻繁に検索されたかがわかる「グーグルトレンド」を遡ってみると、金融行政方針が出た後に「フィンテック」の検索回数が激増している。

いずれにせよクラウドファンディングが広がった二〇一一年と森が金融行政方針を出した二〇一五年に、日本の金融界はターニングポイントを迎えた。先に紹介した三井住友銀行のバンカーだった鷹取の起業のきっかけは東日本大震災で、会社を興したのは二〇一五年一月。むろん偶然の一致だろうが、同じく二〇一一年と二〇一五年にたまたま節目を迎えたヤメ銀がもう一人いる。藤井達人だ。

「スクエア」で初めてフィンテックの意味を理解

藤井は二つの意味で異色のバンカーである。一つは大学を卒業して入社したのはＩＢＭで、そこでエンジニアとして働いていたものの、バンカーへ身を転じたことだ。

「卒業したのは一九九八年でした。学部は商学部、つまり文系です。でも僕の周りには『これからはＩＴだ』という雰囲気が漂っていましたね。実際、周りで金融機関への就職を考える人は少なかったですよ。なにしろ前の年に山一證券が自主廃業し、北海道拓殖銀行も潰れていましたから。金融はやばいんじゃないかと思った人が多かったんじゃないかなあ」

むしろバンカーには否定的な考えを持っていた藤井がまわりまわってバンカーとなったのは、ＩＢＭから転じて入社したマイクロソフト（ＭＳ）でコンサルタントの仕事をしていた過去が大きい。二〇一一年のことだ。ＭＳの本社があるシアトルにしばらく滞在している時にスクエアという会社を知った。業務内容はこんなものだった。

例えば小売店を経営する人が自分の店でカード決済ができるようにしたいと考えたとする。サービスを始めるにはかなり手間がかかる。まずクレジットカード会社に申請するが、審査には一～二カ月かかるからだ。これにパスしたとしても高価な決済端末を購入しなければならない。サービスを始めると、一定の手数料をクレジット会社に支払う必要があるが、手数料率はまちまち。一般的に個人経営のお店の手数料率は高い。

それに比べるとスクエアのサービスは簡単だった。サービス開始はスマホでアプリをダウンロードして、そこに必要情報を記入するだけ。登録すると決済端末が送られてくるので、すぐに使うことができる。手数料率は米国だと二・七五％で一律。お店で千ドル分の決済をするとスクエアが手数料を二十七・五ドル持っていくという仕組みだった。

クレジットカード会社に比べるとスクエアのビジネスモデルが分かりやすいのは、テクノロジーの進化によるところが大きい。クレジット会社のサービスを利用するにはかなりの時間がかかるが、これは会社側が信用調査に時間をかけるからだ。対してスクエアはとりあえず利用してもらう。そうして膨大な取引データを蓄積、これにＡＩ（人工知能）を組み合わせ普通の取引と怪しい取引を選別する。その違いは大学入試における日米の違いと似ている。あらかじめまがい物を排除しようとするのがクレジット会社と日本の大学。一方、とりあえず受け入れるのがスクエアであり米国の大学だ。

「これからはＩＴの時代だと言われていたけれど、具体的にどんなものなのかはわかっていませんでした。スクエアのビジネスモデルを見て初めて金融とＩＴの融合と訳すこともあるフィンテックの意味を理解しました」

メガバンクを渡り歩く異色のキャリア

藤井は日本に帰国して、顧客に米国最新事情を伝えているうちに自分でも何かをやってみたいと思うようになった。舞台として選んだのは銀行。とかく物事を慎重に判断するので動きが鈍いと言われるところだったが、「内側からイノベーションを起こせれば面白いだろうと思った」と言う。

二〇一三年二月、藤井は金融イノベーション専門の組織を作った三菱ＵＦＪフィナンシャル・グループ（ＭＵＦＧ）に転職した。そこで本人を取り巻く環境は日を追うごとに変わったという。「インターネットの活用や非対面での金融サービスって大事だけれど、ものになるかどうか分からないよね」。入行当初のＭＵＦＧの雰囲気はそんな感じだったが、金融庁長官に森が就任し、金融行政方針が出ると、「テクノロジーを活用して経営を効率化しよう」「金融サービスを高度化しよう」といった声が行内で上がるようになった。実際、藤井が転職した直後に配属された総勢三十人くらいのＩＴ事業部は二〇一五年五月にデジタルイノベーション推進部へ名称を変え、二年後にはデジタル企画部となった。

「銀行は企画部と名前が付くと格付けがかなり上がるんです。だからでしょう。『デジタル企画部』になった途端、僕みたいな中途採用ではなく、新卒で三菱東京ＵＦＪ銀行に入ったプロパー行員がどんどん増えました」

そこで藤井がまず上げた実績は二〇一五年二月に開いた「三菱東京ＵＦＪ銀行Fintech Challenge（フィンテックチャレンジ）２０１５」というイベントだった。応募してきた十一組の起業家やスタートアップと三菱東京ＵＦＪ銀行がアイデアを出し合い、そこでの議論を踏まえて応募者が新しい金融サービスを開発、優れた参加者には大賞を授けるという催し。企画して実現に漕ぎつけた藤井の発想は、銀行やバンカーを外から眺めた経験がある、いかにも「外様バンカー」らしいものだった。

「やろうとしたのはいわゆるオープンイノベーションです。銀行には自分自身で情報システムを作る能力はありません。だからＩＴベンダーに外注するのですが、ベンダーはあまりリスクを取った開発をしない。冒険をして万が一のことが起きれば大変なことになってしまうからです。他方、銀行には突拍子もないアイデアがないので結局イノベーションが起きにくい。だったら銀行とスタートアップが最初から一緒に考えた方が面白いものができあがるんじゃないかと思ったんです」

MUFGでこうした催しは年を追うごとに規模が大きくなった。もちろん仕掛け人だった藤井の企画力もあったのだろうが、銀行自身が旧来型の金融サービスだけでは生き残れないと自覚し、事業のタネを見つけようと必死になったからでもあるのだろう。

さて藤井について二つの意味で異色のバンカーであると先述した。一つはIBMやMSのようなIT企業からバンカーに転職したこと。もう一つはその転職スタイルだ。そもそも藤井を「ヤメ銀」として取材したのは、インタビュー時にはMUFGを辞め、auフィナンシャルホールディングス（HD）の執行役員兼最高デジタル責任者になっていたからだった。そこでMUFG時代を振り返ってもらったわけだが、現在はauフィナンシャルHDも卒業している。籍を置くのはMUFGとはライバル関係にあるみずほフィナンシャルグループで、執行理事というポストに身を置く。MUFGからみずほFGへ。メガバンクを渡り歩くというキャリアはかなり珍しい。

日本経済新聞のインタビューに応じた藤井はみずほでの仕事についてデジタルトランスフォーメーション（DX）だと語り、働き方改革などに取り組んでいると明かしている。

「融資の稟議提案書。人間だとどうしても若手とベテランの差が生じる。生成AIがドラフトをつくることで業務量を削減できる」「顧客との接点のところでは、生成ＡＩは（文書の作成などに追加的にかかる）限界コストをほぼゼロにする。個人ごとに１万パターンのサービスを用意することもでき、『あなただけのサービス』が可能になる」（日本経済新聞電子版二〇二三年七月三十日付）

筆者がヤメ銀の取材で藤井にインタビューをしたのは二〇二〇年の初めだった。その時は「ＭＵＦＧではスタートアップと銀行が協業する仕掛けづくりをやっていた」と説明していたが、いまみずほＦＧで生成ＡＩの活用法を模索している。

藤井は転職を通じて最先端のテクノロジーを習得して、それを新しい職場にもたらす伝道師のような存在。ＭＵＦＧやみずほがそんな藤井を必要とするのは、金融テクノロジーが新たな競争軸となっているものの、その知見があまり蓄積されていないからだろう。

メガバンクで急増する中途入社組＝「イリ銀」

三菱ＵＦＪ銀行の国内店舗数は二〇一九年に七百五十八店、従業員数は三万三千二百三十二人だった。これが二〇二二年には五百十九店、三万五百五十四人にそれぞれ減った。

三井住友銀行は二〇一九年に五百十二店、二万八千四百一人だったのが二〇二二年には四百五十三店、二万八千五十四人に、みずほ銀行は四百六十四店、二万九千九百九十一人が四百六十三店、二万七千六百五十九人に減った。

各銀行では店舗を閉鎖しないまでも規模を縮小する動きも広がっている。どの店舗でも同じ金融サービスを提供する従来のやり方を改め、利用者からの相談を受ける機能だけを持つ店舗を新設するというような試みだ。

こうしたスリム化が進む一方、中途採用が大幅に増えている。日本経済新聞の二〇二三年五月九日付朝刊はこう報じている。

「３メガバンクが中途採用を大幅に増やす。２０２３年度は少なくとも計７７０人と21年度実績比４・５倍に急増する。新卒を含む採用全体に占める比率も４割に迫り、三菱ＵＦＪ銀行は24年度にも中途の採用数を新卒とほぼ同水準にする方針だ。デジタル分野などで即戦力となる人材を集めており、新卒中心だった３メガ銀の採用は転機を迎えている」

同じ記事には三メガバンクの採用数に占める中途の割合が二〇一九年度には七％だった

のが、二〇二三年度には四割に迫る状況であることも指摘されている。

その昔は規模を拡大することに血眼になってきたのに、いまはむしろ店舗閉鎖を推進する。どの店舗でも同じサービスを提供するよう心掛けてきたのに、支店ごとに異なる性格を持たせる……。足元で銀行の戦略は大きく変わってきた。中途採用比率の急上昇もそうした変化の一つだが、変化の潮流に乗った中途入社組＝「イリ銀」は銀行やバンカーをどう見ているのだろう。イリ銀の視座は銀行やバンカーの立ち位置をより客観的に理解させてくれるのではないかと思い、三井住友銀行リテールＩＴ戦略部のデザインコンサルタント・ＵＩ／ＵＸデザイナーの金澤洋に話を聞いてみた。まずは入行の経緯から。

金澤は二〇〇八年に武蔵野美術大学大学院を卒業した。当初は専攻した染織で生計を立てようとホームページを作って自身の作品を紹介したりしていた。そのうちに芸術家仲間からホームページ制作の依頼が次々と舞い込むようになり、いつのまにかこちらが本職に。三十歳手前でウェブデザイン会社に就職、その能力を買われて二〇一六年に三井住友銀行へ中途入社した。先の日経の調査によると二〇一六年に中途入社した人はわずかしかいない。金澤は「イリ銀」の草分けと言って良いだろう。

ウェブデザイナーから見える行内風景

「三井住友銀行に入行する前は、ウェブデザイン会社から派遣される形でネット銀行に常駐していました。銀行がどういうところかはある程度分かっているつもりでしたから、転職そのものには抵抗感がなかったです」。金澤はそう振り返るが、それでも最初は戸惑ったという。昼食時に社員食堂へ行けば周りはみなスーツ姿。ラフな格好はかえって目立った。より困ったのは会話だ。

「デザイナーの世界にはレビュー文化っていうのがあるんですよ。良いものは良い、悪いものは悪いとはっきり言う。制作者のこれからを考えてのもので、仮に『出来が悪い』といってもそれは制作者の人格を否定しているのではない。それは暗黙の了解としてあるわけです。しかしバンカーは違います。銀行には確かにいろいろなステークホルダーがいますが、それぞれをことさら傷つけないようにする傾向がある。だから話が回りくどい。おかげで行内で仕事をしていると、それが結果として良かったのか悪かったのかが分からなかったりしました。最近になって僕らのスタイルがだいぶ受け入れられるようになってきましたけれどね」

例えば利用者がネットでキャッシュカードを作るとする。決められた手順に従って入力すればカードは作れるが、それをできる限り簡単にするのがウェブデザイナーである金澤の仕事だ。住所欄に「東京都」と自分で入力するのとプルダウン方式で選択するのではどちらが簡単か？　ボタンは右上に置くのと左上に置くのとではどちらが見やすいか？　そんなことを日々考えながら、金澤はユーザーにとって使い勝手の良いウェブページ制作を続けている。

金澤は先の藤井と同様、これまで銀行が持っていなかった知見を外部から持ち込んでいる専門家である。行員のほとんどを新卒で採用、ゼネラリストとして育成してきた銀行にとっては異色の人材だ。こうした人々の流入が遠からず奔流となるのは間違いないが、だからこそ金澤は課題を指摘する。

「僕らはデザイン職という枠組みの中で会社と契約を交わしています。その処遇はデザイン業界の中で比較すれば悪くないけれど、総合職に比べると見劣りする。総合職の人との仕事の境界線がどんどん曖昧になっている中で、待遇面での差が改善されると良いなあと思いますが、分厚い壁のような気もします」

銀行に限らずあらゆる業種で従業員が持つ専門性が尊ばれるようになっている。しかし銀行はなおゼネラリストが組織の中心にいることを金澤は示唆、それが変わることはないだろうと指摘したわけだ。

「銀行が変わる」実感が湧かないバンカーも多い

本章では、この激動の時代を点描するため、三井住友銀行の企画部に在籍している時に退職、Kyashを立ち上げた鷹取、IBMとMSに勤めた後にMUFGへ転職、現在はみずほFGに籍を置く藤井、美大を卒業した後、三井住友銀行にウェブデザイナーとして中途入社した金澤の三人にインタビューした。

「日本資本主義の父」と呼ばれる渋沢栄一が日本初の近代銀行、第一国立銀行を設立したのは一八七三年。日本の銀行は百五十年の歴史を数えるが、三人の話から窺えるのは百五十年のうち直近約十年の変化率の大きさである。

もっとも彼らの話が今の銀行やバンカーの全てを言い当てているわけではない。本書執筆に当たってインタビューした数多くの現役バンカーの一人はこんなことを言った。

「フィンテックを始めとする金融テクノロジーの進展で『銀行が大変だ』『バンカーはどうなる?』っていう議論が喧しいのは知っています。新卒で銀行に入ってゼネラリストとして育てられてきたのに、いま銀行が求めている人材はITに精通したエンジニア。バンカーが『銀行の言うことをよく聞いて働いていたのに、その銀行が求める人材が変わってしまった』と嘆いているという記事も読んだことがある。でも実感が湧いていないバンカーの方が多いと思いますよ。メガバンクでもほとんどの現場、特に支店なんかはいつもと変わらない風景があるわけですから」

そう言われて筆者は元支店勤務のヤメ銀を探し、退職した理由を聞くことにした。数多くの人が応じてくれた中で最も考えさせられる話をしてくれた「ヤメ銀」は現在、コンサルタントとして働いている。

「大学を卒業してメガバンクに入ったのは十年前です。いろいろな金融サービスが登場し始めたころで銀行は異業種の攻勢に耐えられないかもしれないとか言われ始めていました。でも分厚い資本があるし、最終的な勝者は銀行だと思った。だから就職活動は金融一本に絞っていて、複数のメガバンクから内定をもらいました」

そうして研修を終えて配属されたのは関西の県庁所在地にある支店。最初の仕事は紙幣の枚数を数える札勘。それと支店を訪れる個人客の事務手続きの手伝い。その後、投資信託と外貨建ての保険を売る仕事をしたという。しばらくすると先輩にくっついて法人融資の現場を歩いた。まずは支店の業務全般を見て回ったということだろう。

試用期間が終わってそれなりに責任を負わされるようになったのは二年目。それから一年弱で退職している。

「僕が甘かったと言えばそれまでですが、銀行は想像したような環境ではなかったですね。とにかく大事なのは数字を作ることでした。『あのお客から手数料を取るんだったら投信を売るしかないでしょ』みたいな会話が日常的に交わされていた。昔の体質が変わっていないんですよ。仕事は終わっているのに同僚が働いているからという理由で支店に居残るなんていうアナクロなことも横行していたなあ。退職の決定打になったのはボーナスが出た時のことです。その日、若手の行員全員で支店長にお礼を言いに行った。慣習だそうです。もう耐えられなくなりました」

このヤメ銀の父親は大手メーカーの上級役員だという。

「父は息子がメガバンクに入ったことを非常に喜びましたが、転職すると伝えたら『何を考えているのか分からない』と言われました。銀行が昔気質なのが嫌だったんだけれど、銀行を途中で辞めたことが理解できないみたいでした。いつになったら銀行の中身と外面は変わるんですかね？」

まとめ

①世界各国の銀行はリーマン・ショックの影響を受けたが、日本の銀行は分厚い資本を背景に危機を乗り切った。日本の金融界はようやく安定期を迎えたかにみえたが、東日本大震災で弱さを露呈した。

②二〇一五年を境に金融庁は「金融処分庁」から「金融育成庁」に変身。これに合わせてフィンテック時代の到来を示唆した。その前後から銀行は金融テクノロジーが競争軸になることを強く意識するようになった。

③メガバンクは支店網を縮小するようになった。行員数も削減傾向にあるが、専門職を中心に中途入社は増やしている。大学を卒業すると、ゼネラリストとして育成される。そうしたバンカーの王道が崩れようとしている。

④もっともこうした変化は本部の一部で起きている現象。日本に近代的な銀行が誕生して百五十年。その間に培われた銀行やバンカーのカルチャーはなかなか変わらない現実もある。

第Ⅱ部　ヤメ銀だから今の自分がある

ホリエモンが眠たそうな顔をして「はあ？」

第Ⅰ部では戦後のバンカーの変遷、すなわち「バンカー史」を辿ってきた。規制金利下で当局から箸の上げ下ろしまで指導されたこともあり、決して枠からはみ出たりしなかったバンカーはバブルで一時タガが外れた。その後、バブルで生じた負の遺産処理や大再編を通じて再びマニュアルに従うようになり、その姿はごく最近まで続いた。

金融とＩＴが融合したフィンテック時代に入って銀行のありようは変わり、バンカーの位置づけも大きく変容したかにみえたが、特に支店では前例踏襲や上意下達といった、かねて組織に刷り込まれたカルチャーが相変わらず蔓延《はびこ》っている。日本に近代的な銀行が誕生して百五十年。その間に染みついたものは一朝一夕に変わらない。

第Ⅱ部ではそうした旧態依然たる銀行から飛び出し、新しい世界で生きる「ヤメ銀」たちの現在を伝えつつ、なぜ彼ら彼女らは変化が遂げられたのかを紹介する。さらに古巣である銀行やバンカーが彼らにとってどのような存在であるかということを聞き出し、バンカーの自画像を明らかにする。

山田理《おさむ》は一九九二年に日本興業銀行（現みずほ銀行）へ入行した。一九九九年に社員わずか十五人だったソフトウエア開発会社のサイボウズへの転職を決め、現社長の青野慶久を支えて二〇二一年三月まで副社長を務めた。興銀時代の後半にＩＴ業界を担当したことが転職のきっかけとなったのだが、当時まだ黎明期だった業界の様子をこう語る。断片的な描写が続くが、山田の話の情景を思い浮かべるとＩＴ業界の当時の息遣いが伝わってくると思う。

「一九九八年とか一九九九年ころのことですけど、（興銀で）上司の課長が突然言うたわけです。もっと新しいことをやろう。ＩＴやろうって。これからはインターネットでしょうとか。ところでインターネットってなんやねんって感じでしたけど」

「ホリエモンのアポイントを取って六本木の雑居ビルに行ったこともありましたわ。ピンポン鳴らして『どうも』とか言うて。ホリエモンが中から眠たそうな顔をして出てきて、

『はあ?』とか言う」

「楽天の三木谷浩史さんやDeNAの南場智子さん、サイバーエージェントの藤田晋さんなんかへ飛び込み営業をかけたこともあったなあ。そのうち『ちょっと集まってください』とか言うて、興銀の本店に来てもらって、そこで勝手にネットワークビジネス協議会みたいな適当な名前を付けた会を立ち上げたりした」

「その頃、光通信なんて飛ぶ鳥を落とす勢いですよ。いろんな銀行がまとわりついた。僕は後から入っていったんやけど、めっちゃ気に入ってもらって、最後メーンになって……。でもその後、飛ぶ鳥は落とされたわけやけどね」

「あの業界はみんないい加減。でもノリが良かった。それが僕の性格に合った。でも普通のバンカーは、ああいうノリが嫌やったろうね」

　山田はそう振り返った上でこんなことを言った。

「ネット関連の起業家がようけ集まったので、渋谷が『ビットバレー』とか言われたことがあったやないですか。あのビットバレーブームみたいなもんは六本木のディスコで開かれた交流イベントでピークを迎えたわけです。今にして思えばなんやねんっていうイベントやけど、ソフトバンクの孫正義さんがプライベートジェットで米国から戻ってくるとか、石原慎太郎・東京都知事（当時）や日銀の速水優総裁（同）も駆けつけるとか。そこで起業したい人やベンチャーキャピタルの人、バンカーが集まって名刺交換をしたりした。当然、僕も行きましたよ」

「そしたらその様子がテレビに映ったんです。翌日、会社に行ったら『なんで山田があの場におんねん？』と。僕以外にも名刺交換しよ思て会場に来ていた人はたくさんおったから別におかしくないんやけど、変な空気になった。しゃーないから『いやいやＩＴ担当ですからおっただけです』とか言い訳して。バンカーって基本的に黒子やないですか。そのバンカーがテレビに映っとったから、『なんや！』という話になった。ほとんどの人は僕がおかしいと思ったんやないかなあ」

「第一志望は商社で、経済はわからない」

銀行とＩＴ業界。今でこそ両者には垣根などない時代だが、当時は水と油の関係と思われたのだろう。山田はなぜ異質な世界に飛び込んだのか、今の山田に古巣である銀行やバンカーはどのような存在に映るのか。まずは興銀入行の経緯から辿ることにする。本人の軽妙なしゃべり方によるところが大きいがなかなか劇的だ。

大阪で生まれ育った山田は大阪外国語大学に入学、ペルシャ語を専攻した。「体育会に入ったんですけど、それが終わってどうしようかとなりました。あんまり勉強していなかったし、周りは留学している人も多かったから、休学して世界一周をしてみようかなと」
旅に出たのは一九九一年だった。前年の八月にイラク大統領（当時）のサダム・フセインがクウェートへ侵攻、これに対して米国大統領（当時）のジョージ・H・W・ブッシュが多国籍軍を編成、空爆を開始したのは一九九一年一月十七日である。地上戦の開始は二月二十四日。和平条件を規定した国連安保理決議をイラクが受諾したのは四月六日。戦争は山田の旅行中に始まり、旅行中に終わったという。

「ペルシャ語を習っとったからイランへ寄ったんです。そしたらクウェートのお金持ちがたくさんホテルを占拠していた。『何があったんですか』って聞いたら『戦争や』と。それで初めて知った。それからしばらくしてアメリカへ渡ったら、米軍がなんとかいう地上作戦（砂漠の盾）を展開した。それで終結したいうのを知り合いの家のテレビで観ました」

　一九九一年中に帰国。同期より一年遅れて就活をすることになった山田の第一志望は商社だった。海外赴任ができそうだし、自分の性格にも合った組織に映ったからだ。たまたま先輩で住友商事の内定をもらった人がいたので、ますます商社に憧れるようになったが、その先輩がどういうわけか興銀への入行を決めた。

「当時、住友銀行とか三和銀行は知っていましたよ。せやけど興銀は知らんかった。住友や三和は五百人くらい採用していたけど興銀は百数十人。先輩はなんでそんな小さな銀行へ入ったんやろうと思って聞きに行った。そしたら先輩が『わしも最初はそう思っててん。せやけど興銀ってすごい銀行なんや。影響力のある銀行なんや。一人に任せる責任はごっつう重いんや。でも安心せい。お前は入られへんから』って言われた」

そう言われ、かえって興味を持った山田は興銀の面接を受けたが、そこで自分の身上を正直に話した。第一志望は商社であること、自分の性格は銀行に向いているとは思えないこと、経済のことはわからないから期待されても困ること、銀行でやりたいことは特にないこと……。そうしているうちに学生時代の経験を問われたため、バックパッカーとして世界一周旅行をしてパキスタンで睡眠薬を飲まされた話をした。

「そらホント正直に話しましたよ。僕は嘘をつかないことだけは心に銘じているんで。その時、三井物産から良いお返事をもらっていることも言いました。ひょっとしてそれが良かったんちゃうかな？　商社から評価されているいうバイアスがかかったからなのか、興銀からも良いお返事をもらった」

第一志望が商社であることは変わらない。しかし三井物産には自分のような性格の人がたくさんいて、埋もれてしまうのではないか？　興銀なら浮くか沈むかは分からないけれど目立ちはするだろう。山田はそう考えて興銀を選んだ。

「ほんまに経済なんてわからんわけですよ。興銀に入ったって価値は提供できそうにないとも言った。それでも採用するんやったら、そら僕のせいやない。人事部のせいでしょ。そんなつもりやったです」

「ぷよぷよ」の著作権を売って融資を回収

入行して最初の四年間は市場部門。その後、広島支店に転勤し、ゲームソフト会社コンパイルの担当になった。一世を風靡したソフト「ぷよぷよ」を開発した会社だ。不動産担保主義の銀行にしてみれば、主な資産と言えばゲームソフトしかないコンパイルは融資しづらい取引先だったが、山田はそれよりもベンチャーの活気にひかれた。「業を興すから興銀いうんやろ。わしゃ興銀マンや」。心の中でそう叫んで融資を増やすと、いつの間にか興銀は地元の地銀を抑えてメーンバンクになった。

だが、コンパイルは放漫経営が祟って一九九八年に経営破綻。債権回収のため、山田は担保に取っていた「ぷよぷよ」の著作権をセガ・エンタープライゼス（現セガサミーＨＤ）に売って融資の一部を回収した。融資は失敗。本店営業部へ異動となり、業績が芳しくないソフトウエア会社などを担当することになった。

「当時、ゲームソフトという知的財産を売って融資を回収するというのは非常に珍しい手口でした。でもそれをやったから今も世の中に『ぷよぷよ』はあると思うてます。自己満足ですけどね。もっともモノを見る目はあったけれど、会社を見る目がなかった。作っているモノがいくら良くても、組織がちゃんとしていなかったらダメなんやと痛感した」

二年間の広島支店勤務を終えて東京へ戻ってきた山田が聞いたのが上司の「もっと新しいことをやろう。ＩＴやろう」という言葉。そうして目にしたのは眠たそうな顔をしてマンションの扉を開けたホリエモンだったわけだが、その頃、興銀を取り巻く環境は急速に悪化していった。

一九九八年一月十八日、日本道路公団の外債発行幹事証券会社の選定に際して野村證券から贈賄があったとして、大蔵省ＯＢの公団経理担当理事と野村證券元副社長らが逮捕された。これを皮切りに大蔵省接待汚職事件が火を噴き、同年六月にかけて東京地検特捜部による大蔵省解体が進んだ。その後、十月には同じ長信銀の一角である日本長期信用銀行が、十二月には日本債券信用銀行がそれぞれ一時国有化された。

山田の上司が「もっと新しいことをやろう」と言ったのはこの頃だが、きっと興銀全体を覆っていた暗いムードから少しでも距離を置き、バンカーとしての仕事をまっとうしようとしたからだろう。

「営業部に一班、二班、三班ってあったんですよ。一班とか二班とかはピカピカの会社の担当。僕は微妙な会社を担当する班でした。上司も微妙な人。ピカピカからは少し外れているみたいな。でもめっちゃ優秀。周りは『山田、お前はあの人の下で大変やな』とか言ったけれど、僕は全くそうは思わんかった。あの人はほんまの興銀マンやと思った」

一九九九年八月、興銀は富士銀行、第一勧業銀行との経営統合を発表した。それは興銀が世間に嘘をつき続けた結果だと山田は考える。「僕は嘘をつかへんけど、興銀は嘘をついた。だから経営統合せなならんかったんや。ケチのつき始めは尾上縫事件やろな」

尾上縫事件と三行統合。「これは僕の好きな興銀やない」

大阪ミナミに「恵川《えがわ》」「大黒《だいこく》や」という料亭があった。経営者の尾上縫はバブルのころ、日曜日になると「行《ぎょう》」という奇妙な儀式を開いた。そこで参加者が特定の銘柄を挙げて株価の見通しをたずねると、陶酔状態の（ふりをしている）尾上が「上がるぞよ」「まだ早いぞよ」などと答えた。これが神がかり的な株式投資予言者として評判を呼び、証券会社の営業マンが手数料欲しさに門前市をなした。その中に興銀大阪支店の行員がいた。

尾上は興銀が発行する割引金融債「ワリコー」を二千五百億円以上購入、そのワリコーを担保に複数の銀行やノンバンクから借り入れをして株式投資に振り向けた。中には興銀株も含まれていたので、尾上縫は興銀の個人筆頭株主となり、当時頭取だった黒沢洋が夫婦で恵川を訪れたりした。

一九九一年八月十三日、三和銀行系の信用金庫である東洋信用金庫が緊急記者会見を開き、「元今里支店長が特定の取引先と共謀し、三千四百二十億円におよぶ架空預金証書を発行していた。特定の取引先はこれを担保にノンバンクなどから融資を受けていた」と発表した。「特定の取引先」とは尾上のことで、本人も同日、大阪地検に逮捕された。奇しくも山田が悩んだあげく商社への就職を断り、興銀に入ることを決めた時にケチはつき始めた。

「担当者は尾上縫が怪しいとわかっていたはずや。でもワリコーをぎょうさん買ってくれるから持ち上げた。そればかりやない。バブルの時の融資を回収するのが本当は難しいのに、当局の検査時に作る資料では『回収可能』と書き、不良債権ではないと嘘をつき続けたわけです。そうした作業に長けている奴が偉くなっていく。その終着点が三行統合発表。もうあかん。これは僕の好きな興銀やない。はよ辞めなと思ったんです」

ちょうどその頃、山田は興銀の本店でサイボウズの社長（当時）の高須賀《たかすか》宣《とおる》と面会した。サイボウズは二年前の一九九七年に創業したばかりで、当時の本社は大阪。社員は十五人。そんなベンチャーに融資ができないかと考えたから会ったのだが、そこで二人はすっかり意気投合した。

「興銀は嘘をついてばかりで肩身が狭かった。これからはお天道様の下で堂々と歩く人生にしたいと思っとったところにやってきた高須賀さんは『会社は公器で社会貢献のためにある』とか『売上高っていうのは社会への役立ち高なんですよ』とか言ったんです。響きましたね。正直に言えば、統合が発表になって興銀を辞めようと思っていた時に、付き合いがあった上場目前のＩＴベンチャー企業とかからウン千万でどうだとかいう誘いがありました。けどサイボウズがええんやないかと思った」

「僕は嘘をつきません。裏切りません。でも想像しているような興銀マンやない。それでも良いですか？」

山田がそう聞くと高須賀は「構わない」と言った。こうしてサイボウズ入りは決まった。山田は三行統合発表から三ヵ月しか経っていない一九九九年十二月に退職を申し出て、翌二〇〇〇年一月には荷物をまとめ家族と社宅を出た。

サイボウズの改革で日経に打った全面広告

サイボウズに入社した山田の最初の仕事は、「ヤメ銀」だったからこそ成し遂げられたと言っても過言ではなかった。東証マザーズへの上場だ。上場にあたっては東京証券取引所や主幹事となった野村證券の審査を受けなければならなかったが、山田は興銀時代に事業会社の評価をしていたから、東証や野村が審査に当たってどこを見てくるかがわかった。

「審査の途中で東証や野村が『山田さん、資料に間違いがありますよ』とか言ってくるんです。嘘をついていたら辻褄を合わせなければならないから大変なんですけれど、単純な間違いだから『すんませーん』とか言ってすぐ直しちゃった。嘘つかんとええことあるんやね。当時、身ぎれいな会社を探しとった東証がサイボウズに目を付けて、マザーズ上場からわずか一年半で東証二部（当時）に指定替えになった」

山田はその後も管理業務を一手に引き受けた。財務を見る傍らで、ライバル企業に著作権侵害の動きがあれば弁護士と一緒に裁判所へ駆け込んだ。人手不足が問題になれば、採用活動に精を出した。そうしているうちに社員が増えたので人事評価制度も作った。

副社長として最後に取り組んだ仕事がサイボウズのガバナンス改革で、これを実施するにあたり二〇二一年二月に社長の青野慶久、取締役の畑慎也と連名で日本経済新聞に出した全面広告は大いに話題となった。

〈さて、かねてより「１００人１００通りの働き方」を声高に叫び、様々なお客様にやれ働き方改革だ、多様な個性だと説いてきたサイボウズですが、弊社自身が全く多様性のある職場を実現できていなかったことを、ここに深くお詫び申し上げます。なんの話かといえば、弊社の取締役です。なんと、おじさん３人ですよ〉

何とも人を食ったような広告だが、実際に二〇二一年三月末、山田と畑は退任、代わりにサイボウズ社内で「我こそは」と手を挙げた十七人が新しい取締役に選任された。その中には二〇二〇年入社の新人、五人の女性、二人の米国在住者もいて社長の青野と共に新しいコーポレートガバナンスを探す旅に出た。

大胆な取締役制度を導入した仕掛け人は山田。きっかけは離職率の高さだったという。

「何言うとんねんと思うかもしれませんが、僕は若い人たちに『君たちが早くサイボウズを辞められるようになってほしいと思っています』とか言うとるわけです。ところで辞める人は自分の市場価値が分からないと転職なんてできない。社内ばかり見ていたら市場価値は把握できないから外を向きなさいと言っています。あなたの給料を払っているのは人事部なんかやない。世の中やとも言っています」

「そこまで啖呵切っとって、じゃあ経営陣の仕事は何かと言えば、そうやって焚きつけている若い人たちが、それでもサイボウズにいたいという会社にすることでしょ。そんな問題意識があって青野さんと議論したんです。今のヒエラルキーで良いのか、株主との付き合いは今のままで良いのかと。それで思い切って変えてみようかとなった。デジタルトランスフォーメーション（ＤＸ）の次はコーポレートトランスフォーメーション（ＣＸ）と言われていますけれど、それを実践しているんです」

山田は二〇二一年三月の株主総会で取締役を退任したが、副社長の肩書を残した。二〇二一年九月には副社長からも退き、現在はサイボウズチームワーク総研風土コンサルタントとしてコンサルや企業研修などを手掛ける。サイボウズ入社後に手掛け、磨いてきた内部統制や人事、財務の知見を他社とシェアする試みだ。

「サイボウズでやってきた改革は、僕が興銀にいたからこそできたんやないかな」。山田はそう語る。確かにマザーズ上場で東証や野村證券と渡り合えたのは興銀で身に付けた実務がものを言ったのだろうが、山田の発言の含意はもう一つある気がする。

百人いれば百通りの働き方があるという主張、透明性のある組織の構築にまい進すること、そして社員には外を向けと発破をかけ、かく言う自分は取締役や副社長のポストをあっさり投げだしてコンサルタントとして働く姿。それはいずれも社会における自分の位置づけを気にして、守秘義務に慣れるあまり隠すことを何とも思わなくなり、チャレンジよりも前例踏襲を重んじ、組織内の動きに目を光らせているバンカーの生き方を反面教師としている。「興銀にいたからこそ今がある」という主張にはそんな思いも隠されているような気がする。

「興銀に入った時の同期は百三十人です。僕はあの中で百三十一番目。僕よりもはるかに頭が良くて処理能力だってあるバンカーなんてたくさんいた。市場価値だってある。でも外の世界を知らない。知ろうともしない。バンカーの手を借りたい中小企業なんてなんぼでもある。こんなこと言うのは本当におこがましいけれど、僕みたいな人間が十人とか二十人とかいれば、もっと世の中の役に立てると思うんですけれどね」

「ファイナル・ファンタジーⅢ」融資の〝お目付け役〟

もう一人、ＩＴ業界に身を転じたヤメ銀の話にも耳を傾けてみよう。武市智行は高知県出身。一九七九年に慶應義塾大学を卒業して、高知に本店を置く四国銀行へ入行したが、一九九六年に退職し、ゲームソフト開発会社のスクウェア（現スクウェア・エニックス）の社長に就いた人物だ。

「東京で就職せず、故郷へ帰ったのは大学四年生の時に父親が入院したからです。家族を安心させる必要がありました」

かく言う武市は「子供のころから、『これは何のためにやっているんだ？』と考え込む癖があった」と自己分析する。四国銀行に入ってもその癖が出て、「なぜ銀行は預金を集めるのか」などとしょっちゅう考えていたという。

「そうしているうちに自然と地銀の存在意義を考えるようになるわけです。で、『地方経済の発展なくして地銀の発展はない』なんて考えるようになった。いまベンチャー企業の育成に携わる傍ら、高知県ＩＴ・コンテンツ産業振興アドバイザーとして活動しているのは若いころから考えていたことを実践しているだけです」

先の山田は、入行した興銀が興銀らしくなっていくさまに幻滅し、サイボウズに転職した。対して武市は世間では経営の先行きに不透明感があると思われている地銀に、なお十分に存在意義があると考えていて、協力する姿勢を見せる。「ならばなぜスクウェアに転じたのか」という疑問が湧く。

武市の転機は一九九〇年十月、三十四歳の時に訪れた。

スクウェアの創業者である宮本雅史の父親は四国銀行をメーンバンクとする電気工事会社を経営していた。スクウェアはこの電気工事会社のソフト開発部門として産声を上げ、その後に独立。一九八七年に任天堂のテレビゲーム機「ファミリーコンピュータ」用のゲームソフトとして「ファイナルファンタジー（ＦＦ）」を発売して当てた。翌一九八八年に出したＦＦⅡも大ヒット。そこでＦＦⅢを世に出そうとしていた時に四国銀行の東京事務所にいた武市は上司に呼ばれた。

「呼び出したのが東京事務所長ではなくて人事部長だったから、なんか悪いことでもしたかなあとビクビクしたのを覚えています。で、会ってみたらスクウェア社長室長として出向しろという話でした。なんで自分に白羽の矢が立ったのかって考えましたね。日ごろ、『新しい産業を興さないと地銀の将来はない』なんて言っていたからじゃないですか？

『じゃあお前やってみろよ』って人事部は思ったんでしょうねえ」

　四国銀行が武市を社長室長としてスクウェアに送り込んだのはこんな事情もあったからだった。ファミコン用ソフトを開発するゲーム会社に対して、任天堂はソフトであるカートリッジの生産を自社に委託するよう求めた。製造コストは一本あたり約三千円で、しかも前払い。例えば十万本を製造するとなれば、ゲーム会社は売れるかどうかが分からないまま、約三億円を任天堂に払い込まなければならなかった。

　ソフト製造にかかる日数は約二カ月半。一方、ソフトを売り出して資金を回収するのにかかる日数を約一カ月半とすると、ソフト会社に融資する銀行は四カ月の間、貸したカネが返ってくるかどうかヒヤヒヤすることになる。いまでこそ大手ゲーム会社には信用力があるが、家庭用ゲーム機の黎明期にゲームソフト会社へ億単位の融資をしてよいものなのか、不安は尽きなかっただろう。インタビューで武市はそう言わなかったが、四国銀行はスクウェアに武市というお目付け役を送り込んだのだ。

「ＦＦⅠ、ＦＦⅡのヒットで、傍からみればスクウェアの経営は軌道に乗ったとみえるかもしれませんが、危ういものでした。裏で資金需要はどんどん増えていったわけですから。僕が一九九〇年に出向したのはＦＦⅢの発売に備えてでしたけれど、あの時、スクウェアは任天堂に八十万本の製造を委託しました。二十四億円ですよ。しかも一気に前払いしなければならなかったわけです。前払い金を抑制するため、任天堂への委託を小刻みにしていたら、都度二カ月半待たされるわけでしょ。そうしたら売り時を逃しちゃっていたでしょう」

「発売を発表したら全国の玩具問屋からファックスでFFⅢの注文が届いた。それを一枚一枚のぞき込んで注文数を電卓に入力したけれど、それが八十万を超えた。うれしかったというよりホッとしましたね」

偶然だが筆者は当時、新聞記者として任天堂を担当していた。関連取材で多くのゲームソフト会社から「任天堂がなければ我々は生きていけない。しかし、それにしてもあこぎな商売をする」という愚痴を聞かされていた。「あこぎ」とは前払いのことを指した。

そこでファミコンを世に送り出した不世出の経営者、任天堂社長の山内溥《ひろし》への取材でゲームソフト会社に不満の声があると言うと、山内は筆者を睨みつけながらこう言った。

「ゲームは面白くなければあかん。つまらんゲームばかり出とったら、誰もファミリーコンピューターで遊ばなくなるやんか。ゲーム会社がたくさんおカネを払わなソフトが出せんのはええことや。カネがかかっとると思うから一生懸命作るんや」

山内の指摘はもっともだと思ったが、武市の心配も理解できる。ＦＦⅢは大ヒットしたＦＦⅠ、ＦＦⅡの後継ソフト。それなりに売れるメドは付いているが、八十万本も売れるかどうかなど誰にも分からない。それでもソフト製造に必要な二十四億円もの資金を任天堂に前払いするかどうかを、創業間もない、十分な信用力が備わっていないスクウェアが判断する。宮本は武市より一つ年下の三十三歳。ＦＦの生みの親である坂口博信は二十七歳。赤坂にあったオフィスには約四十人の社員がいたが、平均年齢は二十二〜二十三歳。想像しただけでも身震いするような状況だ。

その頃、スクウェアには別の課題もあった。家庭用ゲーム機の性能が日に日に向上し、ユーザーはより鮮明でリアルな映像を求めるようになった。ニーズに応えるためコンピュータグラフィックスを強化することにしたが、必要な機材は一台一億円。さてこれを買うかどうか。開発体制を充実させるのに機材一台というわけにはいかない。三億円も四億円も払えるのか――。

「銀行だったら印鑑が十個くらいいなければ決まらない話ですよ。それを二十代と三十代の取締役三人と僕で即決した。大変だったけれど面白かったですねぇ」。お目付け役の武市はいつの間にかゲーム会社経営陣の一員になった。

究極の選択を迫られて転職を選んだ

激動の日々を送る武市の出向が解けたのは一九九四年だった。当初は二年間だった予定が四年間に延びたが、それはバブルが崩壊したからである。

二十四億円もの前払い金を支払ったＦＦⅢは成功した。しかし、いつまで博打のような行為を続けるのか。当たるかどうかわからないソフトを製造するために巨額の借り入れをするより、上場して手元資金を潤沢にしておくべきではないか。経営陣の判断がそう傾いたところでバブルが弾け、上場は事実上凍結となった。モラトリアムが解けるのにはしばらく時間が必要となり、出向期間が延びたのだった。

もっとも武市は一九九六年四月に四国銀行を退職し、スクウェアに舞い戻っている。やはりゲームソフト業界の自由な空気を存分に吸ったので、堅苦しいバンカーには戻れなかったということなのか。そう尋ねると、即座に否定された。「地銀の存在意義は何かと毎日のように自問自答していた人間です。銀行が嫌だったんじゃない。戻って新しいことを始めたんです」

武市は何をしたのか。

バブルが弾けると高知でも経営難に陥る企業が出てきた。そうした企業に銀行が融資を続ければ延命はするが、先の展望が開けているわけではない。活路は大規模なリストラや思い切った業態転換だと分かっていても、どの支店長も取引先に厳しいことを言おうとしなかった。

「経営難に陥った企業を再生するには結構時間がかかる。一方、支店長はだいたい二年ぐらいで交代する。つまり取引先に『手を打たないと大変なことになりますよ』と最後通牒を突き付けても、支店長の在任期間中に健全化することなんて滅多にない。取引先の再建に手を貸すのってリスクが大きいわりに支店長の評価につながりにくいわけです。それなら再建が必要な取引先の面倒を見るのは支店だけでなく、本店の審査部も関わる仕組みにした。僕は四国銀行に戻ってからベンチャー企業の支援や企業再生の仕事をしていたんです」

　ではなぜ武市は二年も経たないうちにスクウェアへ戻ったのか。

　この時、任天堂はスーパーファミコンの後継機で、一九九六年に発売した「ＮＩＮＴＥＮＤＯ64」の基本設計を変えた。すでに発売されていたライバル機、ソニー・コンピュータエンタテインメント（ＳＣＥ）の「プレイステーション（ＰＳ）」はソフトをＣＤ－ＲＯ

Ｍにしていて、任天堂もこれに倣う予定だったが、急にファミコンやスーパーファミコンと同じカートリッジにすると方針を変えた。スクウェアを始めとするソフト会社は任天堂のゲーム機向けのソフトを作るか、ソニーに鞍替えするかの判断を迫られた。

引き続きカートリッジのソフトを作るのであれば任天堂への生産委託が必要になり、発売までのリードタイムは相変わらず長い。一方、ＣＤ－ＲＯＭにすればリードタイムはわずか四日に短縮される。原価も片や一本三千円に対し、ＣＤ－ＲＯＭなら百円だ。

こう比較するとソニーが断然有利なように見えるが、当時のＰＳの販売台数は三百万台程度。ソニーに乗り換えてもＰＳの販売が伸び悩めば経営の屋台骨が揺らぐ。そこで「どうしたものか」と宮本や宮本の後任社長となった水野哲夫、坂口が何度もやってきて、武市のスクウェア復帰を求めた。

「三人はソニーに移るつもりでした。しかし、実際にそうすれば任天堂で積み上げた実績はなくなり、一から出直さなければならない。下手をすれば株価は暴落する。投資家へのエクイティストーリーも必要。だから彼らは何度も高知へ足を運び、『何が起きるか分からないから戻ってきてくれないか』と言ったんです」

四国銀行の審査部で自らが言い出しっぺとなったベンチャー企業の育成や企業再生を続

けるか。それとも任天堂かソニーかという究極の選択を迫られているスクウェアに戻るか。自身も究極の選択を迫られた武市は転職を選んだ。こう考えたからだ。

「地元経済の発展に尽くそうと銀行に残ったところで経験や出会う人は限られる。スクウェアの社長を引き受けて成長させれば、バンカーを続けるよりも世界は広がるし、知見も深められる。その幅広い経験を高知経済の発展に役立てればいいじゃないか。そういう機会はかならず来る」

武市は宮本らに「現在手掛けている企業再生プロジェクトが完了したらスクウェアに行く」と約束した。メドが付いたのは一九九六年四月三十日。五月一日朝一番の羽田行き飛行機に乗り、そのままスクウェアに出社した。

バンカーとスクウェア幹部。全く趣の異なる仕事のどちらが確実性の高い仕事かといえば、明らかにバンカーだろう。融資が計画通りに返済される確率と、ゲームソフトが大ヒットする確率。どちらの予想が容易かと言えば、もちろん前者に決まっている。実際、武市はこんなことを言った。

「ヒットの予測なんてできませんよ。何とかできないかと思って、統計学が出来る人を呼んで販売予測システムを作ったことがありました。でもうまくいきませんでした」

結局、実際の販売と相関関係が認められたのは、ゲームソフトを紹介する雑誌でしばしば特集された「出るまで待てないランキング」だったという。ソフトの発売が予告されると、どんな企画なのか、誰が作っているのか、どのゲーム会社から発売されるのかなど、ユーザーはそれぞれの視点で期待を膨らませる。

期待が数値化されたランキングが唯一の拠り所というほど不安定な業界。それでも武市がスクウェアを選んだのは業界に充満する人の熱気が心地よかったからだ。

「開発者の才能を見抜くのは非常に難しいけれど熱量は分かる。数値化はできなかったけれど熱量がソフトの売れ行きを左右したことは間違いない。FFシリーズで最も売れたFFⅦは百五十人で作りましたけれど、それを束ねたプロデューサーやディレクターの熱量はすさまじかった」

そう語った武市は二〇〇一年二月、FFXの発売延期を理由にスクウェアを離れた。その後、フルCGで制作した映画「FF」が失敗し、スクウェアは経営難に陥った。失敗の原因について武市はこう分析する。

人の想像が付かないことをフルCGで制作するとリアル感が出るが、身近にあるものをCGにするとぎこちなさが目だってしまう。前者の典型例はスティーブン・スピルバーグが制作、誰も観たことのない恐竜が登場する「ジュラシック・パーク」で、後者は「ＦＦ」。「でもＦＦの映像がぎこちなくなるのはわかっていたことだった。あの時、我々はあえて身近なものがＣＧ化できるか挑戦したんです。映画の陣頭指揮を執ったのは坂口さん。四国銀行へ戻っていた僕のところへ足を運ぶたびに『デジタルエンターテインメントの分野でディズニーを超えたい』と言った。その熱量を現実のものにしてあげたいと思ったから転職したんです」

武市の古巣である地銀はかつてない苦境に立たされている。集めた預金を個人や企業に貸し出す預貸業務や投信や保険商品などを販売して得られる手数料収入といったビジネスが銀行の本業だが、地銀の多くはこれが赤字。そこで金融庁は地銀にビジネスモデルの再検討を促し、難しいと判断すれば、抜本的な対策を講じるよう促している。

実際、金融庁の掛け声に従って再編に乗り出した地銀はある。しかし抜本策を打ち出せず、現状維持にとどまっている銀行は少なくない。武市はその現状を嘆く。

「経営といっても、地銀のやっていることってリスクを取らないことじゃないですかね。分かりやすく例えると、貸出金利から預金金利を差し引いた利ザヤが二％なら、取引先百社のうち二社を潰さないようにする。利ザヤが一％なら一社を潰さないようにする。でも、貸し倒れを防ぎきることは難しい。じゃあどうするかっていうとバンカーを減らし、人件費を削って黒字にしている。何のチャレンジもないわけです」

　自らの知見をいずれ故郷に還元すると言ってスクウェア社長になった武市が在職中に下した最も重い決断はＦＦのオンライン化だったという。

「ゲームは一人よりみんなで遊んだ方が面白い。それははっきりしていたけれど、ネットゲーム化は技術的に難しかった。どうするか悩んだけれど、結局、チャレンジしてなんぼでしょと振り切った。チャレンジが大事なのはゲーム業界も銀行も一緒ですよ」

　ネットに精通する武市はいま、複数のベンチャー企業の経営に関わる傍ら、高知県ＩＴ・コンテンツ産業振興アドバイザーを務める。

「ネットさえあれば地方で働くハンデキャップなんてない時代です。いやむしろ地方で働くことの方がメリットは大きいかもしれない。地方にはそうした地殻変動が起きている。どう再編に臨むかを考える前に地銀がやれることはありますよ。チャレンジのしがいは十分にある。なによりチャレンジを楽しまなくちゃ」

出前授業で小・中学生のプレゼン能力向上

二〇二三年二月、都内の大型会議室で「話す力を育成する官民合同シンポジウム」が開かれた。登壇者は九人。そのうちの一人、文京区長の成澤廣修はこんな話をした。

「文京区では二〇一七年からSpeak Up!プログラムを導入しています。まず小規模の中学校に導入しました。その後、プレゼン教育の必要性が高まったと思ったので、文京区の重点施策としてプログラムを作り、幼稚園、小学校、中学校への導入を決めました」

「これをやって非常に印象に残っていることがあるんです。ある親御さんが『うちの子供が公開授業で手を挙げているのを初めて見た』と仰ったことです。内向的な性格だったお子さんに大きな変化が出ていることははっきりしています。今後もアルバ・エデュさんと共に新たなカリキュラムの開発などに取り組んでいきたいと思います」

発言の中に出てくるアルバ・エデュはシンポジウムを主催した一般社団法人。第I部第5章に登場してもらった旧日本興業銀行（現みずほ銀行）出身の竹内明日香が興し、代表を務める組織だ。「Speak Up! プログラム」は子供の話す力と教員の意識向上を目的としているもの。プログラムを制作したアルバ・エデュは自治体が選定した公立の指定校に対して複数回のモデル授業と教育研修を実施している。

同プログラムは二〇二二年度に一都十一市区町の自治体で導入された。文京区はそのうちの一自治体である。成澤はプログラムに参加した子供の親の感想を通じて「効果があった」と語ったのだった。

Speak Up! プログラムとは出前授業のようなもので、例えば講師がこんなことを生徒に話しかける。

「皆さんの身の回りには様々なルールがあります。憲法もルールですし、校則もルールです。まずは世界にはどんなルールがあるのかを調べてみましょう」

「いろいろなルールがあることは分かりましたか？　なぜこんなにルールがあるのでしょうか？　皆さんの考えを発表してください」

Speak Up! プログラムの授業はこの辺りから趣が変わる。

「ところでせっかくの発表も内容が聞き手に伝わらなければ意味がありませんよね。そこで人に伝わりやすい方法を教えちゃいます。まず原稿は見ないようにしましょう。それから話すときは一カ所だけを見つめたりせず、三カ所ぐらいに目を配る方が良いですね。見つめる時間は一カ所あたり五秒から十秒ぐらいでしょうか」

漢字の読み書きや四則計算などとは大きく異なるこうしたカリキュラムを子供たちはどう受け止めているのか。アルバ・エデュの活動をフォローしている三菱ＵＦＪリサーチ&コンサルティングはこんなアンケート結果をまとめている。

まず「プレゼンテーションができることは大切だと思うか」という質問に対して、「大切だ」と答えた生徒はカリキュラム実施前が八〇・三%だったのに対して、カリキュラム実施後は八八・八%。「プレゼンは大事だ」と思う子供が一割近く増えていることになる。

一方、「プレゼンテーションはかなり一生懸命練習しないとうまくできないと思うか」という質問に対して「はい」と答えた生徒はカリキュラム実施前が四四・一%だったのに対してカリキュラム実施後は三四・二%。つまりプログラムを受講した子供はプレゼンに対する抵抗感が薄れる傾向にある。これほど目に見える形で効果が認められるプログラムもそうはないだろう。

竹内がこの活動を始めたのは二〇一四年だった。先の成澤率いる文京区は二〇一七年に小・中学生のプレゼン能力向上カリキュラムの開発に乗り出し、アルバ・エデュが教材を納品した。竹内の授業でプレゼンが得意になった子供が増えたばかりではなく、生徒の成績向上が認められたからだという。こうした実績を残しているのでアルバ・エデュには全国の学校から依頼が寄せられ、プレゼン授業を受けた子供はのべ五万人を超えた。冒頭のシンポジウムはこれら経験者による成果発表会という側面もあり、成澤以外の登壇者も異口同音にプレゼン教育の重要性を語った。

それにしても竹内はなぜこんなプログラムを開発し、実践しているのだろうか。

日本人のプレゼン能力を高める

みずほ銀行を二〇〇七年に退職した竹内は、二〇〇九年に後輩と「アルバ・パートナーズ」という企業の情報発信をサポートする会社を立ち上げた。同社は二〇一四年、世界十七カ国の企業が参加するプレゼン大会で、ある日本企業のサポートを請け負ったものの惨敗した。

「この大会は、参加した企業がそれぞれ自社のコールセンター業務を紹介し、最も優れたサービスを提供している会社を選ぶというものだったんです。サポートさせてもらった企業のビジネス内容は新規性もあって、他の参加企業に負けずとも劣らなかった。プレゼンのために一年がかりで発表内容を詰め、英語を練習し、見栄えの良いスライドも作成しました。それなのに負けたんです」

この大会で竹内の印象に残ったのはマレーシアの会社で、女性のプレゼンターは「みんな聞け！」と言わんばかりの勢いで会場を支配した。一方、サポートした日本企業のプレゼンターは縮こまっていて、ともすれば台本を読んでいるような素振りすら見せた。恐らくそれが敗因だったのだろう。

「その瞬間、確信しました。プレゼン力の向上こそが日本の教育のラストワンマイルだって。私のやることは決まったと思いましたね」

竹内は実際、日本へ帰る飛行機の中で、思いつく友人すべてに「日本には良いサービスや商品があるのに情報発信力が弱い。私は日本人のプレゼン能力を高める活動をする」というメールを打った。さらにその年のうちに公民館で子供を集めてプレゼン力を高めるワークショップを開いた。

「自分の子供がまだ小さかったから、公民館へ連れて行ってワークショップを開いたんですよ」

竹内のバイタリティには圧倒されるばかりだが、ここで二つの疑問が湧いた。一つは日本人ビジネスパーソンの情報発信力の弱さを目の当たりにして嘆かわしいと思ったのに、なぜワークショップを開いた対象が子供だったのかだ。

「だってこのままだと日本はまずいでしょう。国際競争力は落ちているし、財政赤字もどんどん膨らんでいる。子供たちの世代は私たちの世代のように日本には頼れないですよ。自力で生きていかなければならない。そんなのかわいそうじゃないですか。それだったらせめてプレゼン力という武器を携えさせてあげなきゃと思ったんです」

もう一つの疑問は、なぜ一人の人間が背負うには荷が重すぎる課題に竹内が敢然と立ち向かうかだ。むろん、これがおカネを儲けるビジネスだというのなら分からないでもない。しかし二〇一四年に設立されたアルバ・エデュは非営利の一般社団法人で、活動で利益が得られたとしても社員に分配してはならない。

竹内は夫と共働きで、自身はアルバ・パートナーズの収入があるからアルバ・エデュが一般社団法人でも家族五人の生活はできると言ったが、無報酬で日本人の弱点を克服する活動に力を入れる必要があるのだろうか。

「普通はそう考えますよね。でも『あなたがやらなくてもいいんじゃないか』という考え方がこの国の問題なんじゃないかと思っちゃうんです。世の中には困っている人がたくさんいます。傲慢に聞こえるかもしれないけれど能力を持っている人、恵まれている人が教育や介護、福祉などの社会的課題に手を貸すのは当たり前なんじゃないかなあ」

社会的課題の解決を図る。困っている人に手を差し伸べるという竹内の思いは筋金入りだ。それはこんな行動にも表れている。

竹内が二〇一四年以降、毎月のように開いていたワークショップにはいくつもの企業が興味を示し、協力をしてくれるようになった。竹内にとってそれはそれで有難かったが、そのうちに開催を告知すると、集まってくるのは教育に対して親のアンテナが高く、名門私立学校に通うような生徒ばかりになった。恐らく家庭は経済的に恵まれていて、有名な塾に通い、名門大学を目指し、一流企業に就職しようというようなタイプばかりだ。

しかし竹内がプレゼン力を身に付けさせてあげたいと考える対象は、家庭の経済的な理由で私立学校や塾に通う余裕がなく、だから少し自分を卑下してしまい、学校がつまらなくなってしまっているような子供だ。そんな子供の自己肯定感を高めてあげたい、意見を言う場がなくなってしまった子供に場を与え、自己主張をすることは楽しいと教えたい。

だから、あえて公立学校でのプログラム提供に拘るようになった。

かくいう本人は名門私立高校を卒業して東京大学に入学、法学部を卒業して興銀に入っている。それなのに公立学校にこだわるのはなぜか。本人が理由を明かすことはなかったが、インタビューで語ったバンカー時代のエピソードから、おおよその想像はついた。エピソードとはこんなものだった。

① みずほ銀行になっても旧姓のままで働いていたら富士銀行出身の上司に呼び出され、「富士では旧姓で働く人がいなかったんだけれどね」と何度も言われた。仕方なくハンコを全て作り変えた。

② 共働きだったので生まれた子供を保育園に預け、午後七時に引き取りに行く生活を続けた。しかし行内では午後十時から会議などということが頻繁にあったため、本人は定時を過ぎて会社を出ているのに、あたかも早退しているように思われた。

③ 興銀では交通費のことを「車馬賃」と言った。統合して誕生したみずほ銀行で昔の癖がでてうっかり「車馬賃」と言ったら周囲からジロリと睨まれた。

「自信を持って子供に説明できますよ」

竹内は二〇〇七年にみずほ銀行を退職した。統合して誕生した同行と、入行した興銀の雰囲気が大きく異なったことは大きな理由の一つだが、そればかりではない。統合後頻繁に遭遇した「旧行の壁」「女性の壁」といったものはその実、自分と他人とのちょっとした違いに優越感を持ったり、劣等感を抱いたりすることに起因していて、人と違っているのを悪と思う考え方が心の底からバカバカしいと思ったのだろう。

教育の場でも同じことが言えた。私立学校と公立学校に差などない。しかし公立学校に通っている子供は自己肯定感が低いなどという珍妙な、しかし現実に存在するおかしな現象をひっくり返したいと考えているのだ。竹内はこんなことを言った。

「今もみずほに残っている人と飲んだりしますが、かわいそうだなあって思いますね。僭越な言い方ですけれど。誰が何をやっても良い時代だというのに銀行はやれることが決まっている。そんなところに押し込められているのですから。そんな籠の鳥が酒席で愚痴と人事の話ばかりをする。競馬の予想じゃあるまいし、今度の人事で誰が役員になるのかなんていつも言っている。世の中はもっと広いんだよ、空はもっと広いんだよと教えてあげたい」

興銀に入行したバンカーにはみずほ銀行誕生を機に退職した人が少なくない。実際、

「おれは興銀に入ったんだ。みずほ銀行に入ったんじゃない」と言って退職、現在は企業再生ファンドの幹部となった元興銀マンの知り合いは当時をこう振り返った。

「三行統合が発表されると、ヘッドハンティングの会社からバンバン電話がかかってきました。僕だけじゃない。僕の周りで海外留学をした人と海外拠点で働いた経験のある人にはひっきりなしに電話がかかっていた。当時、日本は商売になると多くの外資系金融機関は思って進出機会をうかがっていたんです。そこで必要なのが人材。興銀マンというのはおあつらえ向きだったんでしょうね。僕もまんまと乗った。そりゃそうでしょ。提示された給与は興銀時代の三倍、四倍が当たり前だったんだから」

　こうした元同僚に対する竹内の評価はより厳しい。高給取りで、希少な外車に乗り、支払いはブラックカード。そういう人に限って、アルバ・エデュで格闘する竹内に「お前、なんでそんな儲からないことをやっているの？」と聞いてくるのだという。

「そう言われるとメラメラしちゃうんですよね。あなたたちはノーブレス・オブリージュという言葉を知らないのか。公に資する仕事を誰かがやらなければこの国は終わっちゃうんだよ。恵まれた人が汗水たらして教育を変えていく。別に教育でなくたっていい。その能力を一部でも社会に還元したらどうなんだって思う。第一、世界に三台しかない車を持つおカネがあるなら、そのおカネを外国の自動車メーカーに払うんじゃなくて、アルバ・エデュに寄付してくれよって（笑）」

竹内の祖父は文部省（現文部科学省）で学習指導要領の作成に携わった人だった。祖母は女子高等師範学校を出て、米国の占領下にあった沖縄県で先生をした経験があった。その祖母の口癖は「人のためになることをしなさい」。

「だからアルバ・エデュの活動をしているのかもしれませんね」。竹内はそう自己分析をしたが、おそらく祖父母からの影響だけではない。先述したが竹内は一九九〇年代後半に興銀でかなり特異な経験をした。いずれもバブルに浮かれた興銀マンが残した負の遺産の後始末で、時に怖い思いもした。しかしその後、一部のエリートは過去を反省することもなく、新天地で高給を手にしている。どうにも承服しかねるそうした生き方をしている人が間近にいるからこそ、あえて自分が信じる社会正義を貫こうとしているのではないか。

実際、竹内はインタビューでこんなことを言って笑った。

「いまやっている活動を私は自信を持って子供に説明できますよ」

『バブルへGO!!』の劇団ひとりと同期と語る町長

池袋駅は東京にある大ターミナル駅の一つだ。ここを起点とする西武池袋線の終点は飯能駅で、そこから先は西武秩父線と路線の名称が変わる。この西武池袋線と西武秩父線を一気に走り抜ける特急「ラビュー」に乗ると列車は飯能駅でスイッチバック。先頭車両は飯能駅から最後尾になる。西武秩父線は単線で山の中を走る。途中にある長いトンネルを抜けると、なにやら別世界にやってきたような気にすらなる。

横瀬駅は西武秩父線の終着駅である西武秩父駅の一つ手前にある。西武秩父駅は終点ということもあって駅前にロータリーがあり、そこに客待ちをしているタクシーもいる大きな駅だが、横瀬駅は小ぢんまりとしていて、駅前にはこれといったお店もない。のどかな駅から十分ほど歩くと横瀬町の役場が見えてきた。

第I部第5章に登場してもらった富田能成はこの横瀬町の町長を務める。二〇一五年一月に初当選、二〇二三年一月に三選を果たした。富田の父親、孝は横瀬町が横瀬村だったころに村長を、横瀬町に変わってからは町長を務めた。富田はいわば二世だ。

話を聞くにあたって富田の下調べをしていたので、二世であることは知っていた。だから、どこか尊大な人が目の前に現れるのだろうと想像していたが、このヨミは完全に外れた。物腰の柔らかな語り口。いやそれ以上に印象深かったのは、初対面の人との会話に漂う緊張感を少しでも減らそうとする気配りだった。富田は開口一番、筆者にこんな事を言った。

「事前にあなたのプロフィールを見たんですけれど、同級生ですよね。昔、『バブルへGO!!　タイムマシンはドラム式』っていう映画を観ていませんか?」

藪から棒の質問に少々面食らいながら「映画館で観ました」と答えると、富田は「それなら話が早い」と笑って、こんなことを言った。

「あの映画で主役だった阿部寛の娘役を広末涼子がやったでしょ。覚えているかどうか分からないけれど映画で彼女は二〇〇七年から一九九〇年三月にタイムスリップする。着いたところは人がバブルに浮かれまくっていたころのディスコ。そこで劇団ひとり扮するチャラい男にナンパされるって展開でした」

「そうだったかもしれませんねえ」

「で、劇団ひとりが広末に『俺はチョー銀に内定もらっている』って口説くんです。僕は一九九〇年に長銀へ入ったから、あの映画の劇団ひとりと同期です」

「オチはそこか」といいたくなるような話だったが、打ち解けるには十分な自己紹介だった。もっとも疑問が生じた。富田はバブルの絶頂期に「チョー銀」の内定をもらった劇団ひとりと同期と言った。まるでバブルをなつかしんでいるかのようだったが、その富田はいま、のどかな横瀬町の役場の二階にある、わずか四畳半ほどの部屋でインタビューに応じている。彼此の差が激しすぎやしないか。

　おかしいと思ったことはまだあった。下調べの一環で横瀬町のホームページを見ていた時のことだ。「町長の部屋」と名付けられたページで見つけた「町長交際費」という一覧表に富田が一年間に使った交際費とその内訳が書かれていた。「横瀬町老人クラブ白寿・米寿・喜寿祝賀会三千円」「ちちぶ荒川新そばまつり二千円」……。二〇二二年度の交際費合計も二十万円に満たない。「うちの町は締まり屋さんですから。多分、埼玉県で最も交際費が少ないと思いますよ」と富田は笑ったが、元「バブルが似合うチョー銀マン」は、果たしてこの交際費に満足しているのか。

「あと本気で働けるのは二十年」

　横瀬町は観光資源が多い町で、少なくとも見どころは三つある。一つは同町と、隣接する秩父市の境界にある武甲山だ。この山で取れる石灰岩は良質なことで知られ、明治時代から始まったセメント原料として採掘は今も続いている。採掘のため毎日昼の十二時半に鳴り響くダイナマイトの爆発音は地元の人にとっては昼時を知らせる合図にもなっている。

　武甲山は頂上付近に樹木がなく、石灰岩がむき出しとなったハゲ山で、その姿は少し異様だ。一九〇〇年の測量では標高千三百三十六メートルだったが、山頂付近も採掘されたので現在は当時より三十メートルほど低い。

　もう一つの見どころである羊山公園は一面に芝桜が植えられた「芝桜の丘」が有名だ。毎年四月上旬から五月上旬の開花時期には臨時列車も走るので多くの観光客でにぎわう。公園内にはこれとは別の三つ目の見どころがある。「やまとあーとみゅーじあむ」という美術館だ。展示物の中心は棟方志功の作品群で、質量ともに日本有数と評価されている。

　やまとあーとみゅーじあむの作品を集めたのは富田の父、孝である。もともと林業で財を成した孝は美術品を集める一方で村長や町長を長年続けた。富田はその息子だから食うには困らない。だからこそ富田自身は「チョー銀」マンから慎ましい町長に転身しても、生活水準を落とす必要はないのではないか。そう思えた。

「うーん。そうか。他人にはそう見えちゃうか。そりゃそうかもな。でもねえ。かなり葛藤があったんですよ」

富田が筆者の見立てに同意はしつつも、納得しきれないというニュアンスの返事をした。先にも書いたが若いころの富田は地元の名士だった孝から逃れることにかなりのエネルギーを割いた。高校は横瀬町から電車で一時間以上はかかる熊谷高校へ通った。大学は東京・三鷹にある国際基督教大学を選んだ。長銀に入行して海外勤務を熱望、実現した。

全ては父親と距離を置くためで、「結婚することも事後承諾だった」と言う。だから親の跡を継いだと整理されることには抵抗感がある。父親と同じ道を歩んでいることはむしろコペルニクス的転回なのだ。

それならばなぜ、バンカーから町長へ転じたのか。

長銀が新生銀行に変わったのは二〇〇〇年だった。その前後に海外支店から戻った富田が手掛けた不良債権処理のビジネスは毎年二月が最も忙しいという法則があった。多くの企業は決算期が三月で、それを前に資産処分を急ぐためだ。二〇〇八年秋に起きたリーマン・ショックの影響で二〇〇九年二月は大忙しが予想されたが、どういうわけか暇だったという。

「時間があったから休日にジョギングをしていたんですよ。その時にふと『もう銀行を辞めよう。故郷の再生に残りの人生をかけよう』と思ったんです」

父親と距離を置くことに一生懸命だった富田がなぜそんなことを思ったのだろう？

「新生銀行では地方のゴルフ場やリゾートホテルといった不良債権の山を嫌と言うほど見ましたけれど、横瀬は盆地にあるせいか、やや閉鎖的だったのが幸いし、バブルの傷が小さかった。横瀬には地方創生のポテンシャルがあるじゃんと思ったんです」

そう言ってから富田は「うーん、ごめんなさい。嘘じゃないけれど、ちょっと取って付けたような理由を言いました。もっと大きな理由は極めて個人的なことなんだけれど、それでもいいですか」と言った。

困るはずもない。「ぜひお願いします」と促すと、富田はこんなことを話した。

「最も大きな理由は年齢ですね。あの時は社会人になってちょうど二十年ぐらいが経とうとしていた時でした。あと本気で働けるのは二十年だなと思った。初めて人生を逆算して考えた時、死ぬまでにやらなければならないことを考えたけれど、少なくとも不良債権を売って収益を上げることではなかった」

そうして四十五歳で新生銀行を退職した。当初は父の後を追って首長になることなど微塵も考えず、宅地建物取引士の資格を取り、民間事業者として故郷の創生に関わるつもりだったという。

「ところがそこで考えちゃったんです。横瀬に貢献したいという思いなら誰にも負けないけれど、民間事業者として出来ることは限られている。残された人生で何をやるかとなったら、やはり首長になってふるさと創生の旗を振った方が良いと思った。父親の後を追うのは嫌だったけれど、社会にインパクトを与えられるのであれば、小さなこだわりは捨てようと考えたんです」

富田は二〇一一年一月に開かれた町長選に立候補したが、現職に敗れた。

「過疎は日本の市町村の多くが抱える問題です。生まれ育った横瀬も同じ問題がある。そこで人口減少対策に本気で取り組むという公約を掲げたのですが、思ったほど町民に響かなかった。ショックでしたねえ。父の代からの支援者もいて、自信満々で出馬したのに勝てなかったんですから。直後に開かれた町議会議員選挙ではトップ当選したけれど、むなしかったなあ」

富田は当時の心境をそう振り返りながらも、「でも負けに不思議の負けはないんですね」と語った。あの時、町長選で勝てなかったのはなぜか。ひょっとすると町民の総意は「名士の息子がふらっと地元へ帰ってきて町長選に立候補しても簡単には当選させないよ」というものだったのかもしれない。それから四年。地元の声に耳を傾け続けた富田は町長に選出された。雌伏の時があったからこそ富田町政は積極果敢だ。

横瀬町の人口は現在八千人強だが、二十年後には五千人を割り込み、四十年後には二千六百人に減ると見込まれている。だからこそ富田は初の町長選で過疎化対策を争点にしたのだが、町長となっても五千人を割り込まない街づくりを方針として掲げる。

そのうちの一手がさまざまな実証実験を横瀬町に誘致する取り組みだ。人口減を食い止める有効な手立ては移住だが、知名度がなければ移住の候補地にもならない。そこで横瀬町を知ってもらおうと町長就任から現在までの九年弱で百三十五のプロジェクトを横瀬町に誘致した。

効果は少しずつ出ているという。二〇一七年の合計特殊出生率は埼玉六十三市町村の中で一番。住宅情報サービス大手のＳＵＵＭＯ（スーモ）が毎年実施している「住民実感調査（首都圏版）住み続けたい自治体ランキング」で横瀬町は二〇二一年に四十位、二〇二二年に四十三位といずれも上位にランクされた。不動産賃貸大手の大東建託が実施している「街の幸福度＆住み続けたいランキング二〇二三（埼玉県版）」の街の幸福度（自治体）ランキングでは四位となっている。

六十歳は戦力で、まだまだ洟垂れ小僧

富田の前職であるバンカーはおおむね五十歳前後で進路の振り分けがある。銀行に残る人はごくわずか。だいたい半分が銀行のグループ会社、残りが取引先の経理や財務担当として出るという。いずれも人事部がポストを用意するので、こうした転出は「斡旋出向」と呼ばれ、その後、転籍するケースが多い。

出向先にはランクがあり、それぞれのバンカーが銀行内でどこまで上り詰めたかで新天地は決まる。まれに起きるのが取引先へ出向したはいいが、出向先で経営者と反りが合わず、銀行へ戻るケースだ。しばらく行内で「シニアアドバイザー」などという肩書で働くが、人事部は再びポストを用意する。こうしてバンカーになれば、概ね六十五歳ぐらいまでは面倒を見てもらえる。

「あと本気で働けるのは二十年くらい」と考え、四十五歳で新生銀行を退職、四十九歳で生まれ育った横瀬町の町長になった富田は、「バンカーの一生」がもったいないと映る。

「六十五歳までは安泰ですけれど、バンカーの働き盛りって四十代までというイメージですからね。耐用年数が短いんです。でも僕がいる横瀬町を含め、地方なら六十歳は戦力で、そもそも洟垂《はなた》れ小僧ですよ。まだまだいろんなことができるはずだし、しなければならな

い。だから長銀のＯＢ・ＯＧ会でも『もっといろんなことができるはず。早々に老け込むのはやめましょう』って挨拶しました」

その富田には強力な右腕がいる。横瀬町副町長の井上雅国がその人で、富田の長銀時代の同期だ。兵庫県にある私立の名門、灘高校を卒業して東大法学部へ進学、一九九〇年に長銀へ入行した。長銀破綻後は証券会社や外資系コンサルなどを渡り歩き、二〇一七年、富田に誘われて副町長になった。現在、いくつもの地方創生プログラムの陣頭指揮を執る。

「副町長は町のイベントにはほとんど出ているから、みんなに慕われているんですよ。おまけに単身赴任で、彼の横瀬町にある住まいには町の人が上がりこんでお酒を飲んだりしている。肩書を見ても分かるように彼は正真正銘のエリート。その彼が横瀬町での役人生活を楽しんでくれているから、誘った僕もうれしい」

富田は井上をそう評した。言われた井上はこう話す。

「町長とは長銀時代から気が合ったので、長銀がなくなってからも時々飲んでいたんです。四十歳ぐらいだったかなあ。飲んで話をしていた時に、将来について奇しくも同じようなことを考えていることに気づいたんです」

大学を卒業して二十年ほどは、あれもやりたい、これもやらなければならないという

「足し算の人生」。しかし折り返しを迎えると考えが一転、あれはいらない、これはあきらめても問題はないという「引き算の人生」になる。奇しくも一致した考えとはそういうものだったという。

高級外車や高級腕時計などいらない。名門ゴルフクラブの会員権もいらない。ちょっとは良いお酒を飲みたいとは思うが、他人からことさら持ち上げられるような肩書もいらない。「引き算の人生」とはそういう意味だが、ここで重要なのは引き算を続けた上で残るものは何か。二人の答えはおそらく「誰かの役に立つ」で、その具体策が地方創生なのだろう。

ほぼ同級生で、周囲にバンカーとなった知人が少なくない筆者は、二人が引き算の人生を考えるようになった理由がなんとなくわかる気がする。確かにバンカーは六十五歳までは古巣に面倒を見てもらえる。しかし実質的には五十歳前後で一線を退く。残りは余生だ。バンカーであり続ければ否が応でもそのレールに乗らざるを得ない。その宿命から逃れ、多少の犠牲を払ってでも社会に存在感を残す。それが二人の言う引き算の人生なのではないか。もっとも引き算をした結果、二人の人生には足し算もある。

「バンカーって融資を通じて取引先の経営に口を出したりする。でも実際に経営をしているわけじゃない。どこかしら評論家なんですよ。副町長が長銀を辞めた後に働いたコンサルもそう。クライアントにいっぱしのことを言っているけれど、責任を負っているわけじゃない。それに比べると町政を担うってめちゃくちゃリアルだし、未来に対して重大な責任を負うわけです。確かに怖さはありますよ。でも地域住民のために全力を尽くしているという充実感はあります。それで十分じゃないですか」

理事長を引き受けたのはタイミングと浪花節

第Ⅰ部第1章に登場してもらった旧三和銀行出身の寺田欣司が日給制で武蔵野東学園の理事長職を引き受けたことは先述した。しかしバンカーが学園と接点を持ったのはなぜか。それを尋ねると寺田は吉祥寺支店長だった時に遡ると語った。

「三和で米国勤務時代があったんだ。家族で住んでいた地域がたまたまそういう雰囲気だったのかもしれないんだけれど、子供は小さなころからお年寄りや体の不自由な人には優しくしなさいって教えられるような地域だった。そのおかげで、うちの二人の娘はとてもいい子に育ったと思ったよ」

「しかし日本に帰ってきてから人にやさしくするという気持ちが少し薄れていると思った。

そこで武蔵野東学園の創設者である北原キヨさんに相談した。三和の吉祥寺支店とお付き合いがあったからね。支店長というより父親として話をうかがったら『私、そういう子を育てるために学校を作ったのよ』と言った。で、『あなたのお嬢ちゃんたちを預かりましょうか』って」

北原と寺田の会話を横で聞いていた学園の事務長は焦って「転入試験を受けるなど手続きが必要でしょう」などと言ったが、北原は「もう決めた」と言って譲らない。一方、「娘を預けないか」と藪から棒に言われた寺田も面食らい、子供に「どうする？」と尋ねると、二人とも「東学園に通いたい」と言った。「それが四十四歳の時。東学園とはそれから三十年以上のお付き合いがあるわけだけれど、妙なきっかけだよね」

寺田はその後、「転入試験を受けないとダメじゃないか」と言った武蔵野東学園の事務長と親しくなった。巨額の借金を抱え、苦しい状態が続いていた学校の経営について幾度となく相談を受け、都度バンカーの立場を超えてアドバイスした。

「明日が教職員へのボーナスの支給日だっていう日に三和が予め約束していた融資を拒んだことがあった。後になって三和の意地悪だったことが分かったんだけれど、僕は三和出身なのに『都市銀行と付き合うのはやめなさい』って言ったこともあったな」

その親身な姿勢を評価したのだろうか。事務長は二〇〇三年、当時五十八歳になっていた寺田に「現理事長が高齢を理由に退任を申し出ているんですよ。後任の理事長になってくれませんかねえ」と言った。

武蔵野東学園が経営難に陥っていることを知っていたにも関わらず、寺田が理事長を引き受けたのにはいくつかの事情があった。

寺田は支店長を経験した後、三和銀行のシンクタンクだった三和総研を経て富士通のシンクタンク、富士通総研に研究主幹として転職した。そこに理事長となってやってきたのが福井俊彦。若い頃から日銀のプリンスと呼ばれたが、大蔵省接待汚職事件で監督責任を問われ、副総裁を辞任した人物だ。

「富士通総研で出会った福井さんに心酔したよ。あの人はいろいろなところで講演したけれど全部自分で原稿を作っていた。ある時、彼の講演を録音したデータを自分で文字起こしして驚いた。福井さんが話した通りに文字にしたんだけれど、発言が論文になっていた。手直しする必要がなかったんだ」

二〇〇三年、当時の小泉政権は民間に下野していた福井を日銀総裁にする人事を決めた。寺田は福井のいない富士通総研に魅力を感じることができず退職。武蔵野東学園の理事長就任話はちょうどそんなタイミングで持ちかけられた。つまり間が良かったわけだが、もう一つは浪花節だ。

「僕はバンカーとしてカネにまつわる人間ドラマをいくつも見てきた。だからこそ人には優しくしなければならないとことさら思うようになった。娘たちを武蔵野東学園に入れたのは同じ考えだったわけだけれど、その武蔵野東学園が困っているから助けてくれって言ってきた。目の前に困っている人がいるのに助けないという選択肢はない」

バンカーだったからできた学園債で新校舎建設

もっとも当初、寺田は酷く苦労した。まず理事長に就任した二〇〇三年六月一日。事務長が「ここにハンコを押してくれ」と書類を持ってきた。理事長の交代に伴って銀行融資の保証人の名義を変える手続きだったが、書類を見ると武蔵野東学園の借り入れは十三億円にも上っていた。

「経営が厳しいことは知っていたけれど、これほどとは思わなかった。腰が抜けたよ。ただね、びっくりしたのは借り入れている金額だけじゃない。金利が高かった。当時、武蔵野東学園はもともとさくら銀行（現三井住友銀行）から借りていたんだけれど利息が六％

だったんだ。事務長になんでこんなに利息を取られるのかと聞いたら、仕方がないんです、うちは財務内容が悪い問題先なんですという。それで頭にきて東京都民銀行（現きらぼし銀行）に足を運び、借り換えを願い出た。それが理事長として最初の仕事だった」

　財務内容に問題があるから高い金利を取る。さくら銀行の対応は一九九九年に金融監督庁が導入した金融検査マニュアルに従った結果としてはじき出された金利だったのだろう。寺田に応対した都民銀行の支店長は「こんなに酷い目に遭っているんですか。うちが肩代わりしましょう」と言った。「武蔵野東学園の社会的意義を理解してくれたのかもしれない。ひょっとするとバンカー出身の僕が新しく理事長に就いて、学校経営が改善すると思ったのかもしれない。いずれにせよ肩代わりすると言った」

　寺田はヤメ銀だから銀行内部の論理を知っている。だから「十三億円もの融資を肩代わりするなんて、一介の支店長には決められないでしょう」と言ったが、支店長は「任せてくれ」と胸を張り、実際に二週間ほどして「本店の稟議が通りました。二・五％でご融資します」と言ってきた。

「メガバンクよりも地銀の方が融通が利くと思っていたから都民銀行へ行ったんだけれど、なぜ二・五％なんて低利で引き受けてくれたのか、いまだに理由が分からない。間違いなく言えるのは、これで武蔵野東学園の財務内容が劇的に改善したことと、僕が運の良い男だったということだ」

寺田はこの一件を経て三井住友銀行とUFJ銀行との取引を切り、東京都民銀行と多摩信用金庫を武蔵野東学園のメーンバンクにした。むろん融資を肩代わりしてくれた恩義があってのことだったが、都銀の支店長は地銀や信用金庫の支店長よりも権限を持っていて、それゆえ支店長が変わると融資姿勢が大きく変わることを知っていたからでもある。

「地銀や信金の方が支店長交代リスクが低いんだよ」

寺田がヤメ銀だったことで武蔵野東学園が受けた恩恵はもう一つある。理事長に就任後、ほどなくして決めた新校舎の建設費用を学園債の発行で賄ったことだ。

あまたある私立の学校にとって学校債というのはもうけのタネでもある。生徒の入学時に預かっておくが、卒業時には償還せず、寄付金としてもらってしまうのはどの学校でもやっている手口。しかし寺田は子供を武蔵野東学園に通わせる親を集めてこう叫んだ。

「うちは寄付金としてもらってしまうようなことはしません。金利を付けてかならず償還します」。わずか二時間の演説で十億円が集まり、新校舎は完成した。

そのからくりは大して難しいものではない。学園債は生徒の入学時に購入してもらい、卒業時に償還する。もっともわが子を武蔵野東学園に通わせている保護者の多くが学園の価値を理解しているから、学園債の償還を求める人は限られていて、一部の保護者は自発的に寄付の形にしてくれるという。「結果的に寄付してくれる保護者が少しずつ増えているから自転車操業だけれどもおカネが貯まるんだ」

「米国企業は短期資金こそ銀行から借りるけれど、投資資金は社債を出して調達するんだよ。それと同じ発想。新校舎を建てるのは投資でしょ。だから学園債を出した。でも儲けるつもりはないから利息を払った。教育者でそろばん勘定ができる人はあまりいない。自分で言うのも変だけれど、バンカーだった人間が学校経営をやっているからできた」

武蔵野東学園の歴史は一九六四年、北原キヨが幼稚園を開園したことに始まる。もともと健常児を対象として開設されたが、開園時に自閉症児五人の応募があり、それを受け入れたことをきっかけに、健常児と自閉症児が同じ園舎で学ぶ「混合教育」が始まった。その後、一九七七年に小学校、一九八三年に中学校、一九八六年に高等専修学校を開校、いずれも混合教育の仕組みを採用して現在に至る。

そのさなかに米ハーバード大学の教授が小学校を視察、自閉症児教育に深い関心を持ち、帰国後に米国の教育関係者に紹介した。これをきっかけに米国の自閉症児を持つ保護者から、同種の学校をアメリカに開校してほしいとの強い要望が寄せられた。その要請を受けて学園がボストンに姉妹校ボストン東スクールを開校したのは一九八七年で、現在約百五十人の自閉症児を教育している。

　生徒は幼稚園児が約五百人、小学生が五百五十人強、中学生が約三百人、高等専修学校が約二百人。合計で千六百人弱の生徒がいて、このうち五百人くらいが自閉症児という。それでも自閉症児を持つ保護者の要望に応えきれていないとして、武蔵野東学園は学園に在籍しない自閉症児のための教育機関として武蔵野東学園教育センターを作り、ここで約六百人の自閉症児を教育している。

　理事長になって二十年。借り換えをしたり、学園債を発行したりして武蔵野東学園の財務を改善してきたが、足元ではコロナ禍の影響もあり、経営は安泰とは言い切れないという。そこで寺田は「可能ならば寄付をしてくれないか」といった手紙を知り合いに送ったりすることもある。

　すると最近、弁護士をやっている大学の先輩から、こんな連絡があったという。「ある有名人の遺産管理人になった。遺言書には『社会的に意義のある仕事をしている団体を三つ選んで寄付をする』とあったので、そのうちの一つに武蔵野東学園を選んでも良いよ」と。

「百万円とか二百万円とか寄付してくれればありがたいと思って先輩の事務所に行った。そこで武蔵野東学園の活動を説明したら『寺田、お前は立派なことをやっているな。故人も喜ぶと思うよ』って寄付してくれた。いくらだと思う？　二千万円。僕が想像していたのとは桁が違った」

別な形で学園の活動を応援する人もいる。生徒の中にはいずれ後見人を付けなければならない家庭もある。寺田がそうした保護者のために無料法律相談会を開きたいと言ったところ、やはり大学の先輩が二つ返事で引き受けてくれた。

「ずるいことをする奴は許さない。でもそれだけじゃダメなんだよ。自分は正しいと思ったことをやるのが大事。それを続けていると、あら不思議。正しいことをする仲間が周囲に一人また一人と増えていくもんなんだよ。銀行は逆で人まねをする人がどんどん増えていったけれどね」

支店で一番動きの良い人を探す

全国津々浦々で見かけるコーヒーショップ「タリーズ」は米国発祥だが、「本家」は二〇一二年に倒産している。これを日本に持ち込み、いまなお営々と経営が続く礎を築いたのは旧三和銀行出身のヤメ銀で、第I部第2章にも登場してもらった松田公太。松田がタリーズコーヒージャパンを設立し、軌道に乗せるまでの話はドラマティックだ。

松田の父親はサラリーマンで、アメリカやアフリカなどを転々、現地で手に入れた魚を日本に送り込む仕事をしていた。だから松田自身も海外で生活をした経験がある。母親は宮城県出身。子供のころ、その宮城県に回転寿司の草分け、元禄寿司ができたという。

「父親の仕事の関係でもともと魚が身近にあったんですけれど、元禄寿司に入って、食べて、こりゃうめえなあって。もともと海外で外食を起業しようと思っていたんですよ。寿司を食べながら、これをアメリカでやったら受けるだろうなと考えていました。もっとも在学中にアメリカで寿司ブームが起きたので、僕がやる必要はなくなりましたけれど」

結果的に松田は筑波大学を卒業して三和銀行に就職したが、バンカーの仕事をする傍ら、回転寿司に代わる仕事を考えた。ラーメン、カレー、うどん、とんかつ、お好み焼き……。あれこれと考えるうちに土浦支店から赤坂支店に転勤となり、法人を相手に飛び込み営業を始めた。赤坂にはサントリーの東京本社があったので、仕事の一環として当時は同社が経営していたサブウェイの社長に会い、起業の相談をしたこともあったという。海外のスペシャルティコーヒーを日本に持ってくることにしたのは熟慮の末だった。

バンカーに「なぜこの職業を選んだのか」と聞くと、返事はほぼ決まっている。「名刺一枚で誰にでも会えると思ったから」だ。誰にでも、どんな会社にでもおカネの話はついて回る。そのおカネを扱う仕事であるバンカーは名刺一枚で誰にでも会えるというのは理屈の上では正しい。しかし、その特権を生かして本当に誰とでも会おうとするバンカーはほとんどいない。筆者が出会ったバンカーの中で「名刺一枚で誰にでも会える」を最も実践した一人は松田ではないだろうか。実際、タリーズを日本に持ち込み、成功を収めるまでの行動力は抜群だ。

松田が目を付けたスペシャルティコーヒーは、イタリアのカフェなどで提供されるエスプレッソをベースにした「シアトル系コーヒー」と呼ばれるもので、スターバックスコーヒーやシアトルズベストコーヒーなどが代表格とされる。

「当時、スタバは全米で一千店舗、シアトルズベストコーヒーは二百五十店舗ぐらいありました。両方に足を運んで提携を持ち掛けた。シアトルズベストコーヒーは副社長に会いましたよ。けんもほろろでしたね。唯一受け入れてくれたのがタリーズコーヒーでした」

当時、タリーズの店舗数は四つしかなかった。スタバやシアトルズベストコーヒーに大きく水を空けられていたことがあったからなのか、日本でフランチャイズ展開をしたいという松田の申し出を簡単に受け入れたという。最初の契約書はＡ４紙一枚で、その骨子はロゴの使用許可と日本でコーヒー豆が見つからなかった場合には米国から送るという極めて簡素なものだった。

スタバの日本一号店が開かれたのは一九九六年八月である。タリーズ一号店は一年遅れの一九九七年八月。「タリーズと交渉している間にスタバが日本進出を果たしてしまった。シアトル系の日本初上陸になれなかったのは残念でしたねえ」。松田はそう語るが、三和を一九九六年に辞めてから一年余りの間に手掛けたことはタリーズとの交渉だけではない。

山ほどこなした仕事のうちの一つは必要資金の調達だった。

「開業にあたって金融機関から七千万円の融資を受けたんです。半分を国民金融公庫（現日本政策金融公庫）から借りたんですけれど、二十代で外食経営未経験の人間がそれだけのおカネを借りるって普通は無理です。どうやって実現したと思いますか」

　答えは支店に足を運び、そこで一番動きの良い人を探すことだったという。三和時代、支店で営業成績の良かった自分の提案は通るのに、別な人が同じことを言っても通らないことがしょっちゅうあった。同じ会社なのに誰が言ったかで周囲の対応は異なる。そうした銀行の習性を思い出し、支店で最もデキそうな行員を見つけ、融資を持ち掛けた。

「一番動きの良い人が一番優秀な人なんじゃないかというヨミは見事に当たりました。目をつけた人が行内で掛け合ってくれて、実績のない自分でも三千五百万円もの資金を融資してくれた」

　並行して進めたのが出店場所探しで、最終的に銀座で開くことを決めた。晴海通りに面したビル。そこで老オーナーが喫茶店を営んでいたが、後継ぎがいないので店じまいする。そんな話を聞きつけて、「跡地にタリーズを開かせてくれ」と直談判した。

「僕にやらせてください。おじいちゃんはネルドリップ方式でコーヒーを淹れている。僕はエスプレッソ方式。淹れ方は違うし、店の名前も変わる。でもこの周辺の人たちの憩いの場を守り続けますと言いました。そうしたら、『じゃあ任せるわ』って」

もっとも狙いを定めた店舗の間口は三メートルで、面積は十九坪。しかも地下という物件だった。喫茶店は一階に店を構えるのがセオリーとされるが、勝算はあったのか。

「オーナーに貸してくれと懇願する前に、実は物件の前でずっと人の流れを見ていたんです。確かにお店は地下だったけれど人流を見る限り月商八百万から一千万円はいくと思った。そこで月商六百万円という控え目の事業計画を立てて一号店の経営を始めました」

昼夜を問わず働いて最初の月は四百万円、次の月は四百五十万円。六百万円を超えたのは三カ月目。お店に寝袋を持ち込んで眠り、食事は売れ残ったパンで済ませた。軌道に乗ったと思い始めたのは一号店を開いて約一年半が経ち、東京・神谷町に二号店を開いてからだ。近隣の外資系企業で働く人が続々とやってきて、コーヒーをテイクアウトするようになったのがきっかけだった。

「テイクアウトを当て込んで二号店を神谷町に開いたといえば格好良いんでしょうけれど、実際は違うんです。家賃が月二十五万円と安かったからです。銀座は人通りが多かったけれど家賃も高かった。一方、神谷町の二号店は真逆のタイプでした。人通りが少ない代わりに家賃も安い。そこで起きたテイクアウトの現象は今でこそ当たり前ですけれど、当時は想定外の出来事でした。『こんなに持ち帰る人がいるんだ』と素直に驚いたのを覚えています。二階にイートインスペースを作っていましたが、利用客があまりいなかったからデッドスペースになっちゃった」

細大漏らさず観察し、次の機会に実践する

当初、タリーズコーヒージャパンには三井物産の子会社だったベンチャーキャピタル「エム・ヴィー・シー」（現三井物産グローバル投資）が出資していた。当時の社長で、後にタリーズコーヒージャパンの副会長も務めた須賀等がスポーツ紙に載った松田の記事を読み、興味を持ったのが出資のきっかけだったという。

松田によれば須賀は当初、神谷町に二号店を開くことに反対した。人流が少なかったからだ。しかし結果はテイクアウト客が行列を作る大繁盛。その後、松田は須賀に「三井物産本社ビル（当時）の一階にテイクアウトスタイル専門の店を出させてくれ」と願い出た。須賀はこれまた渋った。

「出店が決まった後の話ですけれど、三井物産の役員会でタリーズが話題になったそうで

す。ほとんどの人が長続きしないと言ったらしい。須賀さんの当初の見立てと一緒でした。うちのコーヒーは三百円台だったけれど、同じ建物の地下にあった社員食堂ではコーヒーが一杯百三十円で飲めましたから。おまけにうちには席がなく、社員食堂には十分にあった。役員のほとんどが『テイクアウトでコーヒーを買っていく人なんているわけがない』って言うのは無理もありません。蓋を開けたら初日に一千杯が出たんですけれどね」

三井物産旧本社ビル一階への出店で成功を収めた松田は、次に東京・田町にあった日産自動車のショールーム内に出店した。ショールームの一日の来客数は三十〜四十人。「高い家賃を払っているのに割に合わないのではないか」と責任者に掛け合い、広いスペースに陳列されていた日産車の横にタリーズを開かせてもらった。

次第にタリーズでコーヒーを買う人が増え、ショールームの来場者は十倍になった。もっともこの現象は日産にもメリットがあったようで、田町のショールームではパンフレットがかつての三倍出るようになったという。松田はショールームにテーブルと椅子を置いた。すると椅子に座って日産車のパンフレットを眺めながら、買ったコーヒーをする人が増えたのだ。

「実績は教えてくれませんでしたが、タリーズができたことで車の販売に繋がったと聞いています。その証拠に、その後、カルロス・ゴーンが東銀座にあった日産本社の一階にもタリーズを入れてくれたんです」

スタバは立派な構えの店舗をどんどん増やしていったが、タリーズは日産のショールームのような併設型店舗を増やす。そうした店舗戦略の違いがあったと松田は指摘する。資本力の違いが原因でもあったが、出店コストも家賃も抑えることはできた。

「そうしているうちにスタバも併設型を置くようになったんです。いまどき病院にはスタバが当たり前のようにあったりしますが、病院に最初に置いたのは僕です。ちなみにですけれどストローを緑色にしたのも僕が最初です。スタバはもともと薄いピンクだったんですよ。覚えている方なんていないと思いますけれど」

こうしてみると松田がタリーズコーヒージャパンで成功を収めたのは、「名刺一枚で誰にでも会える」という多くのバンカーが口にしながらも、なかなか実践しないことをやってのけたからだけではないことが分かる。さまざまなシチュエーションを細大漏らさず観察し、そこからヒントを得て、次の機会に実践する。そのサイクルを徹底させたからだろう。

松田の話で特に印象に残るのは神谷町にできた二号店の開店秘話だ。松田は家賃の安さに惹かれて店を開いたが、そこで今となっては当たり前のテイクアウト需要に気づいた。仮に松田が典型的なバンカー気質を持つ人物だったら神谷町に出店などせず、従ってテイクアウト需要に気づくこともなかっただろう。二号店の開設に三井物産のベンチャーキャピタリストは当初反対したが、その人物を相手に「本社にテイクアウトの店を開かせてくれ」と願い出たことも典型的なバンカーには恐らくないであろう粘り腰だ。

コロナ禍で直面した古巣の貸し渋り

その後、タリーズコーヒージャパンは曲折を経た。二〇〇一年からフランチャイズ方式による全国展開を開始、同年七月には当時の飲食業界では最速となるナスダックジャパン上場を果たした。二〇〇二年にフードエックス・グローブに社名変更、同社が持ち株会社となってタリーズだけでなく、いくつかの飲食店の経営に乗り出した。二〇〇五年には米国のタリーズから日本における商標権や営業権など各種ライセンスを譲り受けて完全独立を果たしたものの、松田は二〇〇六年に経営権を伊藤園に売り、翌年には社長も退いた。

「若気の至りかもしれませんね。資本金なんて全部自分で出せば済む話でしたが、内装をやってくれた会社が『タリーズは面白い』とか言って出資を申し出てくれたりした。彼らが利益を度外視して仕事してくれたことを知っているから、『じゃあ一部出資お願いします』とか言って持ってもらったわけです。アメリカの本社にも二〇%持たせた。でもこうした株主も事情があって株式を売却したりしているうちに、コントロールが難しくなってしまった。それで経営権を手放すことにしたんです」

松田自身も曲折を経た。二〇一〇年の参院選にみんなの党から出馬、当選を果たしたものの、同党は解党となった。そこで二〇一五年に日本を元気にする会を結党し、代表兼幹事長に就任した。もっとも二〇一六年に「政党要件を失ったまま、党勢拡大を実現することができなかった」として代表兼幹事長を辞任、政治家としての活動を停止した。

経営者としては二〇〇九年にハワイで人気のパンケーキ屋「Eggs'n Things（エッグスンシングス）」の世界展開権を取得。参院議員となった二〇一〇年に原宿に第一号店を出店し、日本のパンケーキブームの火付け役となった。その後、店舗は順調に拡大、再び外食産業で成功を収めたが、コロナ禍が襲った。

「イートイン型の外食産業はそもそも三重苦だったんですよ。まずは人が採れない。コロナ禍前まで外食産業の有効求人倍率って四とか五だったんじゃないかな。これに原材料費の高騰と消費増税が加わった。追い打ちをかけたのが新型コロナでした」

日本各地で緊急事態宣言が発出され、人々は外出を控えるようになった。外食産業は閑古鳥がなき、多くの店が閉店を強いられた。当時の松田の危機感は相当なもので、何が起きても大丈夫なように本人史上過去最大となる十億円近くの手元流動性を確保したが、そこで愕然とする出来事に遭遇したという。

三和を辞めて起業した松田は古巣となる三菱ＵＦＪ銀行から借り入れを増やそうとして近隣にある支店の幹部に相談したが、「松田さんは本部で対応すると決められていますので、うちの支店では判断できません」と言われた。

「僕が三和を辞めているからです。さんざん引き留めたのに飛び出したと。その時の人事部長が『困ってもうちには泣きつくなよ』と言ったことがいまだに申し送りされているんでしょうね。結局、本部から借りることができましたけれど、スピードは他行に比べて遅かった」

入行して仲間になれば長きにわたって面倒を見るが、辞めれば〝抜け忍〟扱い。この傾向が特に強いのが銀行で、緊急事態に直面した松田への融資を渋ったのはそのためだろう。

タリーズコーヒーを日本に持ち込み、その後、パンケーキブームの火付け役となった松田は起業家として知られる。辿ってきた道が波乱万丈なのは本人の性格によるところが大きいが、結果的に成功を収めているといえるのはヤメ銀だからという側面が少なからずある。

「決まったことをやるのがバンカー。僕がそこを飛び出したのはついセオリーと真逆のことをやりたくなるからという面もある。タリーズの二号店を人通りのない神谷町に出したことなんてそれの典型でしょうね。でもセオリーの真逆をやったから失敗よりもはるかに大きな成功があり、今の僕があるのかもしれませんね」

阪神優勝で巻き起こった万博便乗批判

大阪市此花区の夢洲《ゆめしま》で二〇二五年に開かれる大阪・関西万博は事前の評判がすこぶる悪い。理由の一つは会場建設費の膨張。公益社団法人２０２５年日本国際博覧会協会（万博協会）は二〇〇五年に開かれた愛・地球博（愛知万博）でかかった費用を基に、大阪・関西万博の会場建設費を千二百五十億円と見積もったが、これが二〇二〇年には千八百五十億円に膨張、二〇二三年にはさらに二千三百五十億円に跳ね上がった。当初見積もりの実に約二倍だ。

さらに二〇二三年七月には万博の顔ともいえる海外パビリオンの建設遅延が表面化した。

首相の岸田文雄は二〇二三年八月に「万博の準備は極めて厳しい状況に置かれている。首相として万博成功へ先頭に立って取り組む」とわざわざ表明することになった。

「厄介なことになった」。万博を巡る報道が頻繁に出た二〇二三年秋に会った万博協会の幹部はそうぼやいた。しかし、わけを聞いてみると、理由は会場建設費の膨張や海外パビリオンの建設遅延ではなかった。

「大きなイベントには必ず想定外のことが起きます。珍しいことじゃないんですよ。みなさん覚えていないだろうけれど愛知万博だってそうだった。当初は瀬戸市の海上《かいしょ》の森で開く予定だった。でもそこで絶滅危惧種のオオタカの営巣が見つかったので長久手町に急遽、会場変更となったんです。大阪・関西万博の評判がよろしくないもう一つの原因である海外パビリオンの建設ですが、確かに遅れているのは事実です。建設従事者の人手不足が懸念されているけれど、東北や四国に余裕があることは分かっている。十分巻き返せますよ」

　では何が厄介なのか。

「プロ野球で阪神タイガースが優勝したことです。十八年ぶりのセ・リーグ優勝で大阪はタイガース一色。おかげで万博への関心がますます薄くなってしまった。それだけでも万博協会としては由々しき問題なんだけれど、そこにオリックスがパ・リーグで優勝し、日本シリーズが関西ダービーになってしまった。もう大阪は『万博ってなんやねん。どうでもええやないか』って感じ」

万博協会の幹部に話を聞いたのは二〇二三年十月の終わりだったが、十一月五日にタイガースは三十八年ぶりの日本一となった。万博に対する関心はますます薄まったことだろう。そもそも関西ダービーが実現して以降、地元で話題になったのは両軍の優勝パレードを巡って万博が〝便乗している〟という批判が飛び出した時くらいだ。

便乗批判とはこういう話である。大阪と神戸で開かれた優勝パレードには「兵庫・大阪連携『阪神タイガース、オリックス・バファローズ優勝記念パレード』」というタイトルが付いた。ところがこれに「２０２５年大阪・関西万博５００日前！」というサブタイトルが付いたことで雲行きが怪しくなった。「両軍のリーグ優勝を祝うパレードになぜ万博の文字があるのか？」「優勝の喜びに水を差された気分。パレードを政治利用するのはやめてほしい」といった批判が噴出。大阪府知事の吉村洋文は万博実現に前のめりだが、万博のＰＲについて「パレードと一線を画す」と軌道修正をしなければならなくなった。

筆者は便乗することにむしろ好意的な立場だったので、万博協会幹部に「何が悪いんですかねえ」と言うと、幹部は「大阪人の万博に対する毛嫌いぶりは相当なものですね。実は日本シリーズの最中に甲子園球場と大阪ドームで万博のコマーシャルを流そうとしたけれど断られた」と嘆きながら、こんな解説をした。

「こんな現象が起きるのは、全てタイガースのせいですよ。関西、特に大阪にとってタイガースは日常生活の一部であると同時に神聖なる存在なんでしょう。そこに万博という異物が入り込もうとしたから拒絶反応を受けているのだと思います」

入団テストは背広裏地の虎の刺繍でパス

ここまで大阪・関西万博と阪神タイガースの関係を長々と書いたのにはわけがある。第Ⅰ部第3章に登場してもらった旧大和銀行元専務の國定浩一は大和銀を卒業した後、タイガースの私設応援団に入った。一時は大和銀行の頭取になるとも目された人がプロ野球の私設応援団に入る心理は筆者には分からない。

しかし大阪を中心とした関西人にとってタイガースは神聖かつ日常生活の一部。彼らにしてみれば都銀で上り詰めた人が私設応援団のユニフォームを身にまとい、甲子園のライトスタンドで声を張り上げたことは少しも異例ではない。それを理解してもらおうと思ったからだ。事実、國定はこう言った。

「銀行を辞めてタイガースの応援団に入ったことが不思議？　そう思う方が不思議や」

第I部と多少の重複もあるが、〝華麗なる転身〟の経緯を振り返る。大和銀行で住専問題や、その後に起きたニューヨーク支店巨額損失事件で問題処理の最前線に立った國定は、一九九八年に大和銀専務から子会社の大和銀総合研究所社長に転出した。

「大和銀総研の社長に出されて、ごっつう暇になったんや。どうしようかと思っとったら、昔から好きやった野村克也が阪神の監督になった。ほな甲子園球場行こかと。そのころ関西経済同友会での活動はあって、そこで日本IBMの山岡喜紹さんという人に会うたんや。ある時、沖縄経済同友会との交流会があって山岡さんとかと那覇に行った。夜、飲んでいる席で山岡さんが阪神の応援団のお偉いさんいうことが分かった。それで『わしも入れてえな』と言った」

國定によると、山岡は「二、三の入団テストがある」と言ったという。テストの一つはタイガースの応援歌である「六甲おろし」を一番から三番まで歌えるか。二つ目は「これからいう数字を背番号にしている選手の名前を言え」。國定は「馬鹿にするな」といわんばかりに「二十四番」と聞かれると「桧山進次郎」などと答えた。

山岡が出したテストの三つ目はタイガース愛を証明するものを見せろである。國定は背広を翻し、山岡に裏地を見せた。そこに虎の刺繡があった。山岡は言った。「よっしゃ分かった。入団を許可しましょ」。

晴れて私設応援団の一員となった國定は甲子園で年間三十～四十の試合を観る生活を始めた。席は常にライトスタンドにあるポールの傍。タイガースの攻撃が長引くと、応援団の声を張り上げる時間は長くなる。「ふらふらになる人がおるから、その人に水を渡す。応援団でのわしの仕事は給水係やった」

國定はそうした生活を始めたことで世間がグッと広がったという。

いつものようにライトスタンドにいると、周囲にいる古参の応援団が「本部長」と呼ぶ人が現れた。応援団員として受け入れてくれた山岡に紹介されて名刺を差し出すと、本部長は「國定さん、それはお納めください。ここは名刺のない世界。あなたの名刺は受け取りませんし、私も名刺を出しません。ただ一生懸命応援するだけでええやないですか」と言われた。

「そんなセリフ聞いて、この人は哲学者ちゃうか思たわ。汚い長屋に住んどったけれど、試合がある日には時々そこまで迎えに行くほど好きになった。しばらくしたら本部長は入院されたから見舞いにも行ったで。そうしているうちに本部長が何者かを知ったんや。何やっとったと思う？　弁護士や。結構、腕の立つ弁護士やったらしいわ。そん時に思ったんや。こんな世界があるんやな、こんな人生があるんやなと」

　バンカーになった人になぜ銀行を選んだのかと理由を尋ねると、返ってくる答えは判で押したように「名刺一枚で誰にでも会える」「さまざまな職業の人を相手にするので世間が広くなる」だ。しかし國定は銀行を辞め、甲子園球場に足しげく通うようになって初めて世間の広さを知った。

　心が解放された國定は甲子園でタイガースの試合がある日には早い時間に球場へ辿り着き、開門と同時にダッシュしてライトスタンドの定位置に座るようになった。そこでルーティンをこなす。試合前にノックを受けている桧山にスタンドから声をかけるのだ。

「他の応援団と一緒にスタンドから『ひやまさーん』と声をかけるんや。桧山さんは時々、ぺこりと頭を下げてくれる。たまらん一瞬やったな」

　試合が始まっても桧山が攻守で活躍するたびにライトスタンドは「ひやまさーん」の声を響かせたという。しかし例えば満塁の大チャンスに凡退しようものならファンは「桧山のボケ、カス」と罵声を浴びせた。

「会社では心の中でどない思ってても、面と向かってボケ、カスなんて絶対にいわへん。だけど甲子園はちゃう。どんなに応援している選手でもミスをすればボロクソ。タイガースファンの贔屓の引き倒しはあかんという人がおるけど、思ったことをはっきり言えるところがあった方がええんちゃうの？」

その後、ユニフォームを脱いだ桧山と会う機会があった國定は、「あのころの応援はありがたかったが、罵声が多くてきつかった」と言われた。「すんまへんと謝ったけど、向こうは全然怒ってへんかったな。思ったことを言うてもそんなもん。人にどう思われようとも自分のやりたいようにやっても問題なしや」

ホームレスの話を聞き、ローカル番組で人気に

國定が転出した大和銀総研は、親会社だった大和銀行の再編や国有化などがあったため二〇〇三年にりそな総合研究所になった。國定自身は同年にりそな総研の会長を退任、その後、タイガースの私設応援団以外にいくつかの草鞋を履くことになった。一つは大阪学院大学教授。もう一つはテレビのコメンテーターだ。

コメンテーターとしては関西ローカルの番組に複数出演、人気を博した。今回のインタ

ビューと同様、歯に衣着せぬ物言いをしたからだが、テレビ局から声がかかった理由はもう一つあった。

一般に銀行系シンクタンクの社長というポストには、頭取レースに敗れた幹部が処遇されることが多い。國定も複数のOBから「ご苦労さま。これからはゆっくりしてくれ」と言われたが、それが不愉快だったという。「余生なんかやない。引退なんかするか。シンクタンクへ行ったんやからエコノミストになったるわと思った」

そうして始めたのが現場通い。現場とはホームレスが住まいにした青テントで、当時の大阪では随所で見かける光景だったという。國定は「地べたからの声を聞く」と言ってホームレスの話を聞き、そこから見えた経済情勢の悪化をテレビで語った。これが受けた。

「関西の人って泥臭いの好きやから受けたんかもしれんが、銀行ですましとった男が青テントに住んどる人と話すギャップが面白かったのかもしれん。いずれにせよわしは銀行におったからこそ私設応援団の素晴らしさや楽しさが分かったし、人一倍、社会のピラミッド構造なんてくそくらえと思ったのかもしれんな」

大和銀行を卒業してタイガースの私設応援団に入ったことについて、國定は確かに「不思議な転身と言われることが不思議や」と言った。しかしインタビューでの発言を注意深く分析すると、転身は決して自然な流れではない気がする。シンクタンクへ転籍し、時間に余裕ができた國定は甲子園やテレビ業界で銀行界とは全く異なる未知の世界を見た。そこに身を置き、解放された自分をみせることで後輩バンカーの生き方に一石を投じようとしたように思えてならない。

二〇二四年一月三十日に國定逝去のニュースが流れると、ＳＮＳには「國定さんのタイガース愛が好きだったなぁ」「いつも着ておられた虎スーツが素敵でした」といったコメントが溢れた。そんなバンカーは多くあるまい。

人のネットワークがどんどん拡大するＩＴ業界

佐藤義清は、就職した旧第一勧業銀行が総会屋事件で揺れていた一九九七年、与信企画部へ異動した。同部を含め、当時本店で不良債権と格闘した人の多くはその後、みずほフィナンシャルグループの中で出世を遂げている。佐藤も苦楽を共にした一人だったから、同じく出世の階段を上っても不思議ではなかったが、二〇一六年にみずほ銀行を退職した。大病をしたからだ。

四十七歳で患ったのは副甲状腺がんで、治療のために国際医療福祉大学三田病院に入院することになった。

「手術をした日と翌日は会社を休みましたけれど、三日目には出社しました。会社で病名は伏せていました。手術から二週間ほどは病室でスーツに着替えて会社へ行き、何食わぬ顔をして仕事をこなし、それから病室に帰ってきて病院着に着替える生活でした」

なぜ休まなかったのか。

「今の自分なら休んだでしょうが、当時はそれが当たり前だと思っていたんです。ちなみに不良債権を処理するため激務だったのは事実ですけれど、それと病気は関係ないはずです。患ったのは母親ががんの家系だったからじゃないかなあ」

その後、さらに病魔が佐藤を襲った。健康診断でピロリ菌が見つかったので精密検査を受けたら胃がんと診断された。その後、大腸がんも見つかった。

しかし佐藤はインタビューで「自分の人生で病気は大したことではない」と言った。

「幸い病気が治ったこともありますが、それよりも家族の介護が大変だったから退職するしかなかったんです。問題が自分の病気だけだったら、銀行を辞めることはなかったかもしれません」

メガバンクならグループ会社などにポストを用意し、六十五歳くらいまでは面倒を見る。

しかし佐藤は介護で家族を週二回は病院に連れて行かなければならなくなった。フルタイムで働けないのに銀行に居続けることに引け目を感じて退職したのだが、そこから人生は大きく変わった。半年ほど経ったある日のことだ。知り合いがこんなことを言った。

「ＩＴ教育の事業を立ち上げたいので、週に二、三日で良いから手伝ってくれないか」

「僕は自分のパソコンもセットアップできないくらいのＩＴ音痴だったんですよ。だから向いていないと断ったんですけれど『あなたにＩＴの専門知識を求めているんじゃない。経営や組織を見て欲しいんだ』と言われました」

その後、話はとんとん拍子で進んだ。知人は東京・京橋に教室を構えてＩＴ教育事業を始め、佐藤はそこで主に管理業務を担った。教室には大手企業のエンジニアやスタートアップの社長など、さまざまな人材が講師や受講生として出入りしたため、一年半で四百人と名刺を交換したという。

一気に多くの知り合いができたＩＴ業界について、佐藤はインタビューで「目から鱗の業界」と表現した。勝手を知る銀行界は、一度入れば定年まで勤め上げるのが普通だが、ＩＴ業界は人材の流動性が高く、昨日まで働いていた会社と今日働く会社が別なのは当たり前。もっとも転職したからといって「抜け忍」扱いすることはない。「例えば会社から派遣されて受講していた人が会社を興し、今度は社員を教室に送り込む。そんなサイクルみたいなものがあったから人のネットワークがどんどん拡大したんです」

そうして知り合ったIT業界に従事する人々には共通項があったという。多くは将来的に上場を目指しているが、周囲にはベンチャーキャピタルなど資金の出し手がたくさんいるため、銀行のことをあまり知らない。そこで「うちの顧問になって銀行との付き合い方を教えてくれないか」と持ち掛けられるようになった。会社は興したが内部統制が不十分。どうしたら良いか分からないので教えて欲しいという要望も多かった。

佐藤がバンカーだったころに培った知見を欲しがるベンチャーやスタートアップは引きも切らず、少なくとも毎月二、三社からアドバイスを求める声がかかるようになった。約四年間で接触した企業は一千社、交換した名刺は五千枚。このうち約二十社の顧問や社外取締役を引き受けるようになった。

「働いていた会社で僕を知った人が、転職した先で僕の名前を語る。そうしたサイクルがいろいろなところであるんでしょうね。それで知り合いがどんどん増えた。いま顧問や社外取締役を引き受けているのが約二十社。ライバル関係にある会社の双方で顧問や社外取締役をやるわけにはいかない。絞った結果です。なかにはタダで引き受けている仕事もありますけれど、別にいいんじゃないですか？　食うに困っているわけじゃないし」

佐藤は今も家族の介護を続けている。それでも二十もの会社の顧問や社外取締役が引き受けられるのは面談のほとんどがウェブ会議で、スマホとパソコンがあれば情報のやり取りができるからだ。物理的な拘束時間は限られている。

実際、佐藤の話を聞いた際に筆者はなかなか面白い経験をした。取材は顧問先の一社の会議室で行われたのだが、「ごめんなさいねえ。勝手が分からず、お茶も出せなくて」などと佐藤はしきりに詫びた。「そんなこと気になさらないでください」と答えたが、インタビューが終わった後、佐藤は「あれ、エレベーターホールはどこだろう？」と言って、こう続けた。

「社長が会議室を貸してくれるというからここに来てもらったんですけれど、よく考えてみるとこの会社に来るのは初めてなんですよ。ウェブ会議ばかりなので、どこに何があるのか、さっぱり分からないんです」

当然のことながらＩＴベンチャーに銀行のような堅牢さはない。爆発的な成長を遂げるところもあるが、正体の怪しい会社もある。大儲けをする人もいれば、表舞台から忽然と姿を消す人もいる。もっとも彼ら彼女らには突拍子もない考えを実用化し、ビジネスにしようとしているという共通項はある。佐藤はその猥雑感が面白くて仕方がないという。

「銀行で働く人と〝人種〟が違うっていうのも良いですね。バンカーは基本的に文系脳ですよ。僕もそうでした。今、お付き合いしている人たちは理系脳です。モノの考え方が全然違う。そうした脳みその構造が違う人々が僕のような素人の意見を知りたがるし、僕のネットワークを使って営業をしたり、他の企業とコラボレーションをしようとしたりする。顧問先の企業をみずほ銀行に紹介したこともありますよ。つまり双方にメリットがあるわけです」

「バンカーの知識に対する強いニーズ」に応えられていない

それにしても佐藤がまるで駆け込み寺のような存在になっているのはなぜか。本人は「バンカーの転職マーケットが未成熟だからではないでしょうか」と分析する。

何度も指摘してきたことだが、バンカーは原則として六十五歳までは銀行に面倒をみてもらえる。だから一線を退き、グループ会社や親密取引先に出て仕事に面白さを感じられなくても生活は保証される。ほとんどの人がそれに安住しているので、実はベンチャー企業などにバンカーの知識に対する強いニーズがあるのに、それに応えられる人材がおらず、佐藤に話が持ち掛けられるのだという。

この分析はおそらく正しい。しかし数多くのITベンチャーが佐藤に仕事を依頼するのは、佐藤がこれまで辿ってきた道のりも大きいように思える。

「社会に出る時に父親の知り合いで、大蔵省（現財務省）の幹部だった人に二つのことを言われました。一つは日記をつけろ。もう一つは閉じこもらないで外を見ろ。日記は挫折してしまいましたけれど、外を見ることは続けました。IT音痴は今でも変わらないけれど、その業界の人と楽しくお付き合いできるのは、外の世界との接点を持ち続けたことが影響しているかもしれませんね」

オフィスで不良債権処理と格闘するかたわら、佐藤は時間を見つけては各種セミナーやワークショップに顔を出した。旧第一勧業銀行で不良債権処理の司令塔となった与信企画部は勤怠管理などあってなきがごとしの部署。だから佐藤は夕方、ふらっと会社を出てセミナーに出たり、例えば東京ビッグサイトで開かれている展示会を見に行ったりした。そして二、三時間を過ごし、再び銀行に戻って仕事をする生活を続けた。

「僕がそんなことをしていたなんて知る人はほとんどいないと思います。黙って職場を抜けていましたから。普段の仕事は本当に激務。夜中の一時とか二時に作業を終えてから近所の居酒屋で飲み、四時とか五時とかに帰宅。シャワーを浴びて六時に家を出るようなこともありました。それでもセミナーに行ったり、展示会を見に行ったりすることは欠かしませんでしたね」

佐藤は出かけた先でひたすら名刺を交換した。時々、出会った人にメールをしたり、電話をしたりしてアドバイスを求めたりもした。

「誤解なきよう言っておくと、自分の仕事に役立てようと思って出かけたわけじゃないんです。自分の知らない世界を覗きたかっただけです。それを繰り返していたことが、銀行を辞めてからの人生に役立っているのかもしれません」

本章に登場してもらった松田、國定、佐藤には共通項がある。「バンカーの世間は広い」というのは幻想でしかなく、実際の行動範囲は極めて限られていることを自覚していることだ。それぞれきっかけは異なるが、三人ともバンカーから一歩踏み出したところにそれまでの自分を大きく変える、わくわくするような世界があることを知った。別世界を知る権利があるのは三人だけではない。すべてのバンカーにその権利があるはずだ。

第Ⅲ部　銀行も変わる

追悼・三井住友フィナンシャルグループ 太田純前社長

このままでは銀行は生きていけない

二〇二四年に発行される新しい一万円札の顔となる渋沢栄一が日本初の銀行となる第一国立銀行を開業したのは一八七三年七月二十日だった。それから百五十年あまり。本書は第Ⅰ部で現代の銀行で働くバンカーの自画像の変遷を追った。そこで分かったことは、長い歴史の中で形作られたバンカーの資質というものは、環境がどんなに大きく変わってもなかなか変わらないということだった。

続く第Ⅱ部では充実した今を生きるヤメ銀を紹介した。登場いただいた人に共通するのは、今の生活や仕事を肯定している点だ。興味深いのは各人が今を認めている大きな要因はバンカーだったという過去があるからで、多くは「第一の人生」だったバンカー時代を反面教師としていた。

銀行を取り巻く環境は東日本大震災以降、大きく変わっている。クラウドファンディングやQRコード決済が登場。金融の土俵が広がり、銀行以外が金融業を営めるようになった。さらにフィンテックが浸透し、これまでと違ってテクノロジーが新たな競争軸になった。

こうした変化がもたらすインパクトは極めて大きい。これまでほぼ一貫して拡大を続けてきた銀行の支店網は縮小傾向となり、バンカーの数も減るようになった。大学生の就職ランキングで常に上位にいたバンカー人気には陰りも見えている。

むろん金融業は世の中からなくならないだろう。しかし今のままの銀行に将来はなく、変わらなければならないのは必然だ。しかし本当に変わるのか、変わるとすればどうなるのか。第Ⅰ部で浮き彫りにした百五十年間変わらないバンカーと、第Ⅱ部で紹介した「リア充」のヤメ銀の間には溝が生じたままで、交わることはないのか――。そんな問題意識を持って傘下に三井住友銀行を抱える三井住友フィナンシャルグループ（SMFG）で社長を務める太田純に話を聞いてみた。

◇

筆者は新聞社に在籍していた時、巽外夫《たつみそとお》や西川善文といった旧住友銀行の元頭取をインタビューしている。話を聞いたのは歴史的建造物でもある大阪本店の頭取室。部屋に繋がる廊下には靴がめり込むくらいフサフサの赤い絨毯が敷かれ、室内は荘厳の一言に尽きた。そんなところで話を聞いたせいか、彼らの一言一言が重々しかった覚えがある。

もっともそれはイトマン事件で受けた痛手が行内にまだ残っていたからでもあった。過去の歴代頭取は言葉尻を取られないよう極めて注意深く発言したのだ。

太田純は違った。今回のインタビューは初対面だったにも関わらず、語り口はざっくばらん。時に大きな声で笑った。体からほとばしるエネルギーで聞き手をぐいぐい惹きつけるので、次第に前のめりになって話を聞いた。忘れられないのは、人の話をまずは疑って聞くのが習性になっている筆者が、「この人が話すことはきっと全て本当なのだろう」と思うほど、太田の話はあけっぴろげがもたらす説得力を持っていたことだ。

そんな太田が二〇二三年十一月二十五日にすい臓がんで亡くなった。享年六十五歳。銀行やバンカーの将来を憂え、しかしそれでもこれからの銀行やバンカーの明るい未来を語ったインタビューは、金融界に対する太田の遺言でもある。

◇

「このままでは銀行は生きていけないという強烈な危機感があります」

太田はインタビューで開口一番そう言った。

「銀行の基本的な機能である融資や預金、決済という仕事はなくならないですよ。でも融資は銀行法ではなく貸金業法に基づいてやることができるし、決済も資金決済法の下でできます。将来、銀行以外が担い手になることは十分にあり得るわけです。ＧＡＦＡと呼ばれる世界のＩＴ大手が銀行業務をやっていてもおかしくはない」

銀行法に縛られている銀行は異業種から攻め込まれる可能性があるという危機感が太田にはあった。だから二〇一九年四月のＳＭＦＧ社長就任時に「カラを、破ろう。」という文字が躍る社内向けポスターを作った。新卒採用のホームページはもっと挑発的だ。「かつては、銀行と呼ばれていた」

本書第Ⅰ部でも触れたイトマン事件で、筆者が取材班の片隅にいたことはすでに書いた。だからＳＭＦＧの前身である旧住友銀行の業績と世間の評判がつるべ落としとなったことを目の当たりにしたが、事件から三年が経った一九九三年六月に頭取となった森川敏雄は「一九九五年の創業百年に向けて企業体質の刷新に乗り出す」と宣言した。

森川だけではない。森川の前任で会長に就任した巽、森川の後に頭取となり「ラストバンカー」や「不良債権と寝た男」の異名を取った西川も、取材では「住友銀行は変わる」

と口々に言った。

「それならばどう変わるのか、この目で見届けてやろう」と思った覚えがある。

しかし住銀のみならず銀行が大きく変わったという実感はない。本書第Ⅰ部でバンカーの習い性はなかなか変わるものではないと指摘した底流には、取材で感じたそうした思いもある。だから太田が「カラを、破ろう。」と社内を鼓舞し、「脱・銀行」を目指していると言っても、本当に変わるものなのかと思った。

「もちろん抵抗勢力は山ほどいますよ。これが意外と本部にある中枢部署の中堅社員に多かったりする。例えば人事部とか。人事部は銀行の中で強い権限を持っているから、今までの枠組みが壊れたら困るわけです。だから抵抗する。『やれ』と言うと、やれない理由を探すんです」

太田の真骨頂はこうした物言いだった。慎重が身上、変な軋轢を起こさぬよう細心の注意を払うバンカーなら「抵抗勢力はいる。例えば人事部とか」とは恐らく口にしない。しかし太田は平気でそう言い、こう言葉を継いだ。

「でもね、意識はだいぶ変わってきたと思いますよ」

「ＳＭＦＧは社長製造業だ」と喧伝した真意

インタビューで太田はＳＭＦＧが変わってきた証拠として九つの子会社を立ち上げたという実績を挙げた。生体認証サービスや契約プロセスのデジタル化など、いずれも銀行の本業とは異なる業務を手掛ける会社だ。

一例を挙げると、プラリタウンという子会社は中小企業のデジタル化を支援する会社だ。新型コロナウイルスの感染拡大でリモートワークが急速に広がったが、こうした動きに即応できるのは豊富な資金力を持つ大企業に限られる。プラリタウンは、どうしても機動力で劣ってしまう中小企業のリモートワーク導入などを支援する。

ＳＭＦＧは二〇一七年にＣＤＩＯ（チーフ・デジタル・イノベーション・オフィサー）というポストを新設した。初代ＣＤＩＯになった太田は、部長など幹部を集めて定期的にミーティングを開き、そこで新規ビジネスを提案させた。議論を経て立ち上がったのが太田が実績として挙げた子会社だが、インタビューでこのプラリタウン設立については特別な思い入れを滲ませた。

「ホールセールをやっている人たちが起業を決めたんです。ある日、三十七歳の銀行員を連れてきて『彼を社長にします』と。うちは銀行業を営んでいるのではなく、社長製造業にすると僕は言っているけれど、自分が直接手を下さなくても自律的に起業するようになった。だから変わってきていると実感していますね」

太田が「ＳＭＦＧは社長製造業だ」と言って子会社設立をさかんに喧伝したのは、おそらく二つの理由があった。一つは第Ｉ部でも描いた東日本大震災以降の銀行界の環境変化だ。

融資や預金、決済といった仕事は銀行以外の業種も手掛けられるようになった。二〇一二年に企画担当役員になった太田は「銀行だけが巨象のごとく同じ場所にとどまっているような気がした」と振り返る。

二〇一三年、三井住友銀行は全国銀行協会会長行となった。会長行の事務方トップである企画委員長に就いた太田は金融庁に足を運び、「なんで楽天は銀行を持てるのに、銀行は他の業務ができないんだ」と問題提起をした。

「金融庁には『何を言っているんだ』って怒られましたけれど、二〇一五年七月に長官となった森信親さんが金融行政方針を打ち出したあたりから雰囲気が変わってきました。『太田さんの問題提起は面白いですね』とか言われるようになった」

銀行に箸の上げ下ろしまで指導するそれまでのやり方は時代錯誤。銀行にあるべき姿を示し、導いていく。金融庁が金融行政の方向転換を図ったことが、発言の変化をもたらしたのだろう。

念願かなって二〇一七年四月、銀行法は改正された。それまで事業会社に対して銀行は議決権ベースで五％、銀行の持ち株会社は同一五％までしか株式保有が認められなかったが、銀行業務を高度化するようなビジネス、平たく言えば銀行の本来業務とＩＴを組み合わせたような仕事を手掛ける事業会社には出資制限を設けないことになった。約二十年ぶりの改正だ。異業種から攻め込まれる一方だった銀行が限定的とはいえ未知の分野に攻められるようになった。太田が言い続けた脱・銀行路線を金融庁が認めた格好だ。

「ＳＭＦＧは社長製造業」と言い続けたもう一つの理由はバンカーの変質だ。

太田は二〇一五年に企画担当役員だけでなく、ＩＴイノベーション推進部担当役員にもなった。ＩＴを通じたイノベーションを銀行にどう取り込むか考える組織だ。

「まずタスクフォースを立ち上げたんですよ。行員だけでなく、外部からも人を招いて議論した。そこで若い人がいろいろと発言するんだけれど、こっちは最初は何を言っているのか分からない。『アジャイル開発って何ですか』みたいな（笑）。簡単に言うと開発期間を短縮する手法なんですけれどね」

議論したのは未来の社会はどんなものか。最初はちんぷんかんぷんだった若い人たちの発言が理解できるようになると、太田にはおぼろげながら見えてくるものがあったという。最も記憶に残っているのは、タスクフォースメンバーの一人が「アリババを創業したジャック・マーは物販と物流と金融は鉄の三角形と言ったが、我々は金融しかできない」と言ったことだ。

太田は金融庁に対しては銀行の業務範囲の拡大を働き掛ける一方、行内の体制を変えようとした。「我々は金融しかできない」とくすぶっているバンカーの思いが仕事に結び付けられる仕組みを作ろうと腐心した。

「入行したのはいいけれど、自分に相応しくない会社だったと気づき、働く場所を変える人がいるのは仕方がないことです。いや違う。そうやって辞めていく人がいるのは、その人がやりたいと考えている舞台をこちらが用意できなかったからではないかと思う。でも採用時に『うちに来れば好きなことができますよ』とか言って誘っているわけじゃないですか。口だけじゃないところを見せないとダメでしょう」

銀行は行員を単一色に染め上げようとする癖がある。特に旧住友銀行にはそのイメージが強い。三十年ほど前、真偽のほどは定かではないが、一般職の女子行員は髪の毛が肩についてはいけないというルールがあったと聞いた覚えがある。SMFG社長の太田の活動は当時とは隔世の感があるが、それは子会社設立だけにとどまらない。定期的に開くことにしている若手行員との昼食会もその一つだ。

「一緒にランチをしているのが僕だから若手行員は本音を言っていないかもしれないけれど、中には『学生時代にパソコンを見る目の動きで、この人がどんなことをしたいのか分析する研究をしていました』とか『週末に地域再生のボランティアをやっています』なんて言って、その面白さを一生懸命話す人がいるんですよ。そうした才能や興味を埋もれさせたくない。同じことに関心を持っている行員が情報交換するコミュニティサイトがあると良いなあなんて思うこともありますね。ちなみにサイトは人事部には作らせません。そうしたら行員が勘ぐっちゃうかもしれないから（笑）」

太田がここまで旗を振ったのは、旗を振らないと銀行の未来が見えないと思っているからだろうが、旗を振れるのはSMFGで積んできたキャリアと無関係ではあるまい。

入行は一九八二年。大阪にある支店で三年間勤務した後に中国へ留学した。帰国後、国際投融資部という部に配属された。同部にはＭ＆Ａ、プロジェクトファイナンス、証券業務、デリバティブなどのグループがあったが、行員はそれぞれに四～五人いる程度。いまでこそ銀行のメーンストリームだが、当時、日の当たる部署とは言い難かった。

住友銀行は特にその傾向が強かった気がする。同行には先のイトマンの解体やマツダの再建、経営難に陥った安宅産業と伊藤忠商事の合併など日本の産業史に残る企業再編や再建を主導した歴史がある。世間はことさらその快刀乱麻に注目したため、実務を担った「融資二部」や「融資三部」は花形部署となり、実際、二部に在籍していた巽と三部に籍を置いた西川は後に頭取となっている。

若かりしころの太田は、そうした「これぞ住友銀行」という部署で働くことはなかった。大蔵省との折衝役である出世コースのＭＯＦ担をやったこともない。傍流を歩んだといっても言い過ぎではないだろう。

「当時、プロジェクトファイナンス事業で上げた収益なんて一年間で一億円ぐらいだったんじゃないですかね」

それから約三十年が経ったいま、世間で「銀行不要論」が唱えられるのは、預金を集めて貸し出しをするという従来型の業務に成長性が見込めなくなり、全国に張り巡らされた支店の統廃合と人員計画の見直しが進んでいるからだ。逆に将来的に競争力を持ち続けるのはプロジェクトファイナンスやＭ＆Ａの仲介などで手にする手数料ビジネスや、証券マーケットビジネスぐらいではないかという指摘が多い。

　太田が長年手掛けたプロジェクトファイナンスのような手数料ビジネスは、かつての傍流から期待の成長分野に変わった。太田は時代と共に銀行の収益源や出世のメーンストリームが変わることを身をもって体験したからこそ、銀行やバンカーの変化に対して前向きで、むしろ現状維持は銀行やバンカーの死を意味すると考えているのだろう。

〝ヤメ銀〟を集めた同窓会

　日本で百五十年の歴史を持つ近代的な銀行は今のままでは生き残れない。メガバンクの一角であるＳＭＦＧ社長の太田はそう考えて猛然と動いた。実際、これに呼応する形でＳＭＦＧは以前の銀行なら考えられなかった活動を始めている。

　スマホでカネの収支や決済、ポイント集めなどを一括管理する「ウォレットアプリ」と呼ばれる金融サービスを提供するKyashを創業、第Ⅰ部第5、第6章に登場してもらった鷹取真一のところへＳＭＦＧの傘下にある三井住友銀行（ＳＭＢＣ）の人事部員が訪ねてきた。

「どのようにして起業したのかというヒアリングでした。一回きりじゃないですよ。何度もいらっしゃった。行内研修に使うと言っていたな」。鷹取はそう振り返る。

一度入れば一生勤め上げるのが普通というのが銀行だった。六十五歳くらいまでは仕事と収入が保証されるからだ。飛んだり跳ねたりせず、会社や上司の言うことに従っていれば、そこそこの出世も保証される。だから「前例主義者」や「金太郎飴軍団」などと揶揄されてもしがみつく。

そうしたバンカー人生を送った人からすれば、自分らしさを前面に出す生き方は羨ましくもあり、妬ましくもあるのだろう。だから「やりたいことがある」と言って銀行を飛び出したヤメ銀は「抜け忍だ」として、冷たく接したりしてきたが、ＳＭＢＣの人事部は鷹取を訪ねて起業の方法を聞いたという。

こうした動きはＳＭＢＣだけで起きているのではない。あるメガバンクの幹部は言う。

「最近は銀行を辞めた人を集めて同窓会を開くようになったんですよ。銀行主催です。場所も銀行内にある大きな会議室を使ったりします。辞めて新しい仕事を始めた人同士が情報交換をする場でもあるけれど、銀行からすると辞めた人が新天地で得た知見を吸収する狙いもあります。まだまだ数は少ないけれど、こうした情報交換会に参加した人で銀行に復職した人もいますよ。バンカーはどんどん辞めていく時代になった。もう『あいつは抜け忍だよ』なんて白眼視していられなくなったってことですよ」

　メガバンクのこうした動きはまだ局地的なものなのかもしれない。充実した今を生きるヤメ銀は限られた人だけなのかもしれない。しかし前例を踏襲し、誰が何を言ったかに耳をそばだて、必要以上に秘密主義を貫くといったバンカーは遠からず遺物になる。人目を気にすることなく、失敗も恐れない。そして創造力を高めて新しいことに取り組む。そうした人こそが「バンカーらしいバンカー」と言われる時代はそこまで来ている。

おわりに

二〇二〇年六月から七月にかけて週刊文春で掲載した「ヤメ銀〜銀行マンは絶滅するのか」と、続編として二〇二一年四月から六月にかけて掲載した「ヤメ銀〜絶滅時代のバンカーたちへ」をまとめて新書にしよう。文藝春秋からそんなお話があったのは続編の連載が終わった直後だった。

それから二年以上もの時間が経ってしまったのはいくつか理由がある。一つは体裁の問題だった。

連載は取材相手に対するインタビューを中心に据えて原稿を執筆した。だから取材相手の数奇な人生を書き記すような側面が強くなってしまった。新書にするのに連載したものをそのまままとめるわけにはいかない。連載に登場した彼ら・彼女ら、現役バンカー、匿名を条件に銀行やバンカーとは何かを教えてくれた「ヤメ銀」……。その人たちから聞いた貴重な話から筆者が得た「学び」を盛り込むことにした。結果的に本書は事実上の書き下ろしとなってしまった。

もう一つは新書を出さないかとお誘いを受けた時には書きたいことが別にあったからだった。二〇二二年六月に上梓した『決戦！株主総会　ドキュメントＬＩＸＩＬ死闘の８カ月』（文藝春秋）がそれだ。これはかなり根を詰めて取材・執筆をしたこともあって発売後はしばらく腑抜けに。そこに生来のなまけ癖が加わって再びエンジンがかかるのに時間がかかってしまった。

もっとも連載から新書を出すまでに時間がかかったことは、かえって良かったのではないかと思っている。

銀行は今、曲がり角に立たされている。それはバブル崩壊後の経営が危ぶまれた時以上の危機的状況といっても過言ではない。確かにあの時も銀行は大変だった。それでも解決しなければならなかったのは不良債権の処理で、それを乗り越えれば再び安定することが見えていた。

しかし今度の競争相手は巨大ＩＴ企業など異業種で、テクノロジーが競争軸といった現在の問題には「これを乗り切れば良い」といった節目がない。銀行やバンカーは終わりなきマラソンをしなければならない。

変わらなければならない。

この二、三年の間に銀行やバンカーにはそうした自覚が芽生えてきたようだ。第Ⅲ部で取り上げたメガバンクとヤメ銀の情報交換会は証拠の一つだろう。こうした動きを本書に盛り込むことができたのは、連載から新書を出すまでに時間がかかったからである（と、なまけ癖を覆い隠しているのはどうかとも思うが……）。

最後になったが週刊文春での連載を持ち掛けてくれたばかりか、忙しい合間を縫って取材に同席、時に有益なアドバイスをしてくれた編集長の竹田聖氏に深く感謝したい。最初は単発企画だったものを連載に切り替え、さらに「ヤメ銀」というタイトルを付けてくれた前編集長の加藤晃彦氏、新書にするにあたって貴重なアドバイスをしてくれた文春新書担当局長の大松芳男氏、不摂生が祟って筆者が入院したため、取材や執筆に影響が出てしまったにもかかわらず、温かく見守ってくれた文春新書前編集長の前島篤志氏と現編集長の西本幸恒氏、担当の大石正輝氏にこの場を借りてお礼を申し上げたい。

秋場大輔

秋場大輔（あきば　だいすけ）
1966年、東京都生まれ。ジャーナリスト。慶應義塾大学経済学部を卒業後、日本経済新聞社に入社。電機、電力、商社、ゼネコン、銀行、証券等の各業界を取材。編集委員、『日経ビジネス』副編集長を経て独立。著書に『決戦！株主総会　ドキュメントＬＩＸＩＬ死闘の８カ月』『ライフシフト　10の成功例に学ぶ第２の人生』（いずれも文藝春秋）がある。

文春新書

1448

ヤメ銀《ぎん》
銀行《ぎんこう》を飛《と》び出《だ》すバンカー

2024年３月20日　第１刷発行

著　者　秋場大輔
発行者　大松芳男
発行所　株式会社　文藝春秋
〒102-8008　東京都千代田区紀尾井町3-23
電話（03）3265-1211（代表）

印刷所　大日本印刷
製本所　大口製本

定価はカバーに表示してあります。
万一、落丁・乱丁の場合は小社製作部宛お送り下さい。
送料小社負担でお取替え致します。

ISBN978-4-16-661448-6

文春新書のロングセラー

磯田道史

徳川家康　弱者の戦略

人質、信長との同盟、信玄との対決……次々に襲う試練から家康は何を学んで天下を取ったのか――。第一人者が語り尽くす「学ぶ人家康」

1389

エマニュエル・トッド　大野　舞訳

第三次世界大戦はもう始まっている

ウクライナを武装化してロシアと戦う米国によって、この危機は「世界大戦化」している。各国の思惑と誤算から戦争の帰趨を考える

1367

樹木希林

一切なりゆき

樹木希林のことば

二〇一八年、惜しくも世を去った名女優が語り尽くした生と死、家族、女と男……。ユーモアと洞察に満ちた希林流生き方のエッセンス

1194

牧田善二

糖質中毒

瘦せられない本当の理由

どうして人は太ってしまい、またなぜ瘦せられないのか。それは脳が糖質に侵された中毒だから。そこから脱却する最終的方法を伝授！

1349

堤　未果

ルポ　食が壊れる

私たちは何を食べさせられるのか？

人工肉からワクチンレタスまで、フードテックの裏側で何が起こっているのか？「食と農」の危機を暴き、未来への道筋を示す本

1385

文藝春秋刊